CARO(A) LEITOR(A),

Queremos saber sua opinião sobre nossos livros.

Após a leitura, siga-nos no **linkedin.com/company/editora-gente**,
no **TikTok @EditoraGente** e no Instagram **@editoragente**
e visite-nos no site **www.editoragente.com.br**.

Cadastre-se e contribua com sugestões, críticas ou elogios.

ADRIANA JORGGE

IDEIAS EXTRAORDINÁRIAS FAZEM DINHEIRO

APRENDA A CONTAR HISTÓRIAS DE MODO ESTRATÉGICO PARA INFLUENCIAR PESSOAS E FAZER GRANDES NEGÓCIOS

Diretora
Rosely Boschini

Gerente Editorial Plena
Franciane Batagin Ribeiro

Editora Júnior
Natália Domene Alcaide

Assistente Editorial
Larissa Robbi Ribeiro

Produção Gráfica
Fábio Esteves

Edição
Algo Novo Editorial

Preparação
Andréa Bruno

Capa, Projeto gráfico e Diagramação
Linea Editora

Revisão
Wélida Muniz
Gleice Couto

Impressão
Bartira Gráfica

Copyright © 2023 by Adriana Jorgge
Todos os direitos desta edição
são reservados à Editora Gente.
Rua Natingui, 379 – Vila Madalena
São Paulo, SP – CEP 05443-000
Telefone: (11) 3670-2500
Site: www.editoragente.com.br
E-mail: gente@editoragente.com.br

Dados Internacionais de Catalogação na Publicação (CIP)
Angélica Ilacqua CRB-8/7057

Jorgge, Adriana

Ideias extraordinárias fazem dinheiro : aprenda a contar histórias de modo estratégico para influenciar pessoas e fazer grandes negócios / Adriana Jorgge. - São Paulo : Gente Autoridade, 2023.

192 p.

ISBN 978-65-88523-63-6

1. Desenvolvimento profissional 2. Comunicação 3. Sucesso nos negócios I. Título

23-1101
CDD 658.4

Índice para catálogo sistemático:
1. Desenvolvimento profissional

Nota da Publisher

Todo mundo enfrenta alguma dificuldade de comunicação atualmente, seja porque passamos mais tempo a frente de dispositivos como o celular e o computador ou pela ansiedade crescente que notamos em todas as gerações. Muitas vezes, por não conseguir estabelecer uma real conexão com o nosso público, perdemos grandes oportunidades. Mas o que poucas pessoas se deram conta é que saber se comunicar vai muito além de contar histórias envolventes para um grupo de pessoas.

Conseguir encantar e envolver as pessoas a sua volta com histórias bem-contadas ajuda a promover sua marca, seus produtos e até a sua imagem em palestras, apresentações, entrevistas ou um círculo de networking. O Storytelling é necessário em todas as profissões, e suas técnicas nos proporcionam uma comunicação clara, empática, envolvente e inspiradora.

Para tratar de um tema tão relevante, ninguém melhor que a Adriana, essa autora incrível, que cresceu em um ambiente que desde cedo promovia a comunicação e a contação de histórias, até se especializar nessa área, e que se junta agora à Editora Gente nesse projeto maravilhoso que pretende levar a todos os leitores a importância e as técnicas do Storytelling.

Com este livro, ela nos mostra que sabe muito bem o que está fazendo. Envolvente desde a primeira página, é sem dúvida um texto que comprova o poder transformador da prática do Storytelling que ela nos ensina. Você está pronto para se apaixonar por esta e, depois, contar a sua própria história extraordinária?

Boa leitura!

Rosely Boschini

CEO e Publisher da Editora Gente

Dedicatória

Como dizia Ricardo Piglia, toda história conta duas histórias.

A primeira está aparente, e a segunda, submersa.

Este livro é para minha mãe, que sempre me contou as histórias escondidas.

Agradecimentos

A escritora Maria Velho da Costa, em seu romance *Maina Mendes*, disse: "Quanta gente é preciso para cada um de nós ir se fazendo, quantos passos em nosso torno".[1]

Eu quero agradecer a todos que foram me fazendo e se fazendo em minhas histórias.

À Editora Gente, especialmente Rosely Boschini, Roberto Shinyashiki e toda a equipe, pela confiança.

Aos meus filhos, Manuela e Joaquim; às minhas irmãs, Denise e Marcia; e aos meus irmãos, Jorgito, Jorginho, Pedro e Gabriel.

Aos que estiveram sempre presentes na minha jornada de escrita com paciência e dedicação: Juliana Ferrari, Bando Marques, Alexandre Missel Knorre, Stanley Galvão e Keista Kichel.

Sou grata pelo apoio especial de Rita Fraga, Eugênia Henke, Maria Izabel Nunes, Franciane Batagin, Natália Domene, Nizer Fontoura, Jonnas Lima e Carol Brandão.

E a todas as pessoas que fazem parte da minha Montanha de Contadores de Histórias.

Obrigada pela presença em cada linha aqui escrita e nos parágrafos apagados.

---

1   COSTA, M. V. da. **Maina Mendes**. 2ª ed. São Paulo, Moraes, 1977.

Sumário

Prefácio
12

Capítulo 1

O prédio do
"tanto faz"
30

Introdução

Quem tem medo da
palavra storytelling?
16

CAPÍTULO 2

No prédio do
"tanto faz", o elevador
sempre trava
44

Capítulo 3

Quem gosta de
ficar preso sozinho
no elevador?
64

Capítulo 4

O tempo
dentro do
elevador é outro
80

Capítulo 5

Tem alguém aí dentro?

98

Capítulo 6

O bombeiro chegou!

122

Capítulo 7

A história cifrada

142

Capítulo 8

Diga sim para sua história

154

Capítulo 9

A hora é essa!

174

Capítulo 10

Você tem coragem de se entregar à sua própria história?

184

PREFÁCIO

Adriana Jorgge é uma autora que sabe o que quer. Parece uma afirmação categórica demais, mas não é. Eu a conheci alguns anos atrás por causa de uma viagem realizada dentro de um Projeto de Extensão na Universidade Federal do Rio Grande do Sul. O empenho dela em trazer aos estudantes da graduação algo mais do que a transmissão de informações, para que um bom professor de artes pudesse desempenhar suas tarefas no cotidiano, dentro da sala de aula, me chamou muito a atenção.

Ideias extraordinárias fazem dinheiro

Ela queria muito e queria mais; ela queria trazer instrumentos que pudessem fazer com que cada futuro professor compreendesse sua trajetória de vida única e que esta pudesse ser o instrumento para que a profissão fizesse um verdadeiro sentido de vocação em suas vidas. Ela orientava pessoalmente cada um, se interessando por suas histórias pessoais, e revelando os tesouros escondidos que poderiam trazer um real significado a uma profissão notoriamente relegada a segundo plano na nossa sociedade.

Não tardou para que eu me interessasse mais profundamente pela sua metodologia. Da mesma forma que indagamos o tempo todo sobre aquilo que realmente queremos ela fazia acender a chama no outro: "Olhe para dentro e sinta: o que você quer?

Adriana Jorgge

Você pode obter! Observe a sua história e faça acontecer!". Muitas vidas jovens eu vi serem transformadas dessa forma.

Intuitivamente, encontrei uma maneira de me aproximar dessa mulher que articulava mundos e colocava as pessoas em contato umas com as outras pela enorme percepção de afinidade natural que ela sentia que haveria entre indivíduos aparentemente distantes. Criou contatos e fez nascer mundos de modo muito instintivo.

Como autora e orientadora atenta a seu mundo, indo na contramão de uma parte da corrente acadêmica, ela logo percebeu que o mundo do marketing digital propiciava maneiras de expandir essa rede e alcançar muitas pessoas que precisavam transformar suas vidas e fazer acontecer. Fez uma centena de cursos, até que encontrou o Instituto Gente, uma porta que se abriu para que esse projeto de expansão fosse aos poucos decifrado, compreendido e, porque não, uma fonte de aumento de riqueza e melhoria de condições de vida para muitas pessoas que necessitavam, já no momento mais duro da pandemia, em 2020, encontrar formas novas de reinventar suas carreiras profissionais, mudar o rumo de suas vidas e realizar seus sonhos.

Eu a incentivei a colocar sua voz no mundo e a fazer o que mais amava – escrever um livro – para que se concretizasse esse chamado. O storytelling que Adriana propõe, mesmo com os diversos estudos técnicos que realizou ao longo dessa caminhada, está alicerçado em uma única premissa: todo ser humano é valioso e oferece ao mundo uma contribuição única, que precisa de apoio para ganhar voz, corpo e alma.

Ideias extraordinárias fazem dinheiro

Esses processos para descoberta de sua própria história, e de como essa jornada é uma jornada heróica, fazem-nos ver como os pontos que consideramos fracos – os fracassos, as vulnerabilidades – são os que constituem o ouro que vai criar empatia com nossos seguidores, nossos clientes, nossos colaboradores. Assumir o que se é e, sobretudo, o que se deseja.

Alejandro Dolina, o mestre-poeta, humorista e contador de histórias argentino, nos diz que o passado pode ser modificado por meio do desfecho que damos a uma história que contamos sobre nossas vidas. A espera é parte da narrativa e o desfecho abre um farol de luz sobre a espera do "que acontece no final" (como sempre esperamos em todas as esperas e histórias que inventamos e narramos sobre as nossas vidas). Assim sendo, entenda o que você quer, compreenda o desfecho que deseja criar e faça-o acontecer contando uma história nova para sua vida, e sobretudo contando-a aos outros. Pergunte-se: *O que eu quero?*

Use o passo a passo e os exercícios que você encontrará neste precioso guia, e tenho a certeza de que as suas personas, seus clientes e seus seguidores vão se emocionar com sua conquista e esperar com ansiedade que você os ajude a também realizar as conquistas deles por meio do seu produto, do seu serviço, da sua imagem, como um farol, enfim iluminando a luz de ouro puro que é a sua própria história de vida.

Ursula Ventaluna
Porto Alegre, fevereiro de 2023

INTRODUÇÃO

Quem tem medo da palavra storytelling?

Ideias extraordinárias fazem dinheiro

> "Todas las historias del mundo se tejen con la trama de nuestra propia vida."
> – Ricardo Piglia

Nesta obra, você encontrará tudo de que precisa saber sobre storytelling, mesmo que as outras pessoas digam que é um termo complicado de entender. Storytelling vem do inglês *story* (história) e *telling* (contar). Definindo de uma maneira direta, tipo arroz com feijão, storytelling é **a arte de contar histórias e emocionar pessoas**.

Se seguir minhas orientações, fizer os exercícios e aplicar meu método **Storytelling Bombástico**, você aprenderá a contar um storytelling que finalmente o fará vender mais, comunicar-se com

clareza, poder e persuasão, fechar grandes negócios, influenciar alguém a fazer o que você deseja, curar feridas emocionais e dissolver bloqueios profundos e até revelar o escritor que existe dentro de você.

Seu Storytelling Bombástico vai atrair, emocionar e persuadir quem estiver escutando. Portanto, todo mundo precisa saber criar e contar um storytelling impactante a fim de ocupar um espaço de visibilidade no mundo e deixar seu legado. Além disso, para se conhecer melhor, você precisa olhar para a própria história.

Você compra um produto quando é convencido por uma boa história, certo? Adere a uma campanha quando ela apresenta uma boa história sobre o propósito, não é? Elege determinada pessoa para algum cargo quando confia na história dela, concorda?

Quem sabe contar histórias e emocionar a plateia é considerado um *storyteller*; em outras palavras, um contador de histórias. Alguém que magnetiza o público durante a narrativa para fins de entretenimento ou de venda.

Mesmo que você diga que não precisa saber contar histórias, ou que não quer contá-las, tenho uma notícia: muitas histórias serão contadas *para* você *por* você. Portanto, é urgente entender os mistérios dessa arte para decidir **o que você quer contar** porque **melhor representam seu negócio** e seus ideais.

Da Bíblia à Sherazade, passando pelos noticiários de TV e os conteúdos da internet, saber contar uma narrativa persuasiva é o desejo de todo empreendedor e influencer. Aliás, ouso dizer que vivemos a era dos narradores, e acredito que essa época será

Ideias extraordinárias fazem dinheiro

duradoura. Logo, chegou a hora de contar suas histórias sem medo da palavra storytelling.

Como tudo começou

Meu pai sempre me contava a história de seu cachorro. O vira-lata se chamava Walter e viveu por quase vinte anos. Ele era corpulento, desengonçado e bobalhão; uma mistura de labrador com "Deus me livre e cruz-credo". Mas o fato é: Walter adorava café. E, na mesma proporção, detestava leite. Sabendo disso, vez ou outra, meu pai provocava o cão.

A molecagem consistia em chamar Walter e oferecer, de longe, uma tigela de café. Quando ele se aproximava, ansioso por sua bebida preferida, meu pai despejava um pouco de leite. E, ainda por cima, misturava muito bem com os dedos o café com leite dentro da tigela de Walter.

Nesse ponto da narrativa, meu pai fazia uma pausa e me dizia: "Era bonito de ver Walter fazendo um barulhão com a língua para tomar todo o café e deixar o leite intacto na tigela".

Acreditei na estranha capacidade de Walter até meus 12 anos, quando comecei a enaltecer a importância da verossimilhança na vida e disse a meu pai: "Essa história não pode ser real". Ele, sem perder a autoridade, me explicou: "Minha filha, Walter era o único ser vivo na face da Terra que sabia onde termina o café e começa o leite". E completou: "Apenas Walter conhece a fronteira invisível das coisas inseparáveis". E então riu. Meu pai parou de contar essa história quando eu me tornei uma típica adolescente chata.

Adriana Jorgge

Conquistei o direito de ouvir outras histórias com temáticas adultas e entendi ser perda de tempo saber a diferença entre o que é real e invenção em uma narrativa. A partir desse momento, dei os primeiros passos em direção à minha jornada como contadora de histórias.

Com o tempo, entendi que o verdadeiro mistério da história de Walter era assistir à transformação do meu pai, ao mesmo tempo, em cachorro, café, leite e tudo dentro de mim. Hoje sei que ali fui fisgada pela força da narrativa e aprendi que nada separa o contador de uma história.

O ser humano narra situações e desejos desde o tempo das cavernas. Começou relatando as experiências com o corpo e, posteriormente, com a linguagem. E as pessoas gostam e precisam de ficção para viver. Desejamos estar em grupos, compartilhando situações, e criamos narrativas ao contar o que nos acontece – e esse conteúdo tem potencial de se tornar um aprendizado para muita gente.

As histórias podem começar mesmo antes de nascermos, quando, por exemplo, a família escolhe o nome do filho durante a gestação ou até antes da concepção. Quem nunca ouviu: "Quando eu tiver um filho, ele vai se chamar Fulano porque era o nome do meu avô que gostava de mim"? Ou então: "Vai se chamar Sicrana porque admiro essa cantora"?

Assim, podemos afirmar que nosso primeiro patrimônio imaterial e afetivo surge com a história da escolha de nosso nome, ainda que não saibamos nada sobre isso. As histórias também carregam o que foi excluído e o que poderia ter acontecido e não

Ideias extraordinárias fazem dinheiro

aconteceu. Eu mesma, pelo gosto de meu pai, me chamaria Vida, mas minha mãe achou prudente que eu tivesse um nome convencional. Eu me chamo Adriana, mas também me tornei outra pessoa, quase imaginária, chamada Vida. Sou a mistura de Adriana, escolhida por minha mãe, e Vida, um desejo de meu pai.

Por tudo isso, reivindico a licença poética para redefinir a composição do corpo das pessoas. Eles poderiam ser divididos em quatro partes: cabeça, tronco, membros e histórias.

Nós somos feitos de cabeça, tronco, membros e histórias.

E as histórias são fruto do atravessamento de tudo que nos afeta e de todos que encontramos no caminho: sejam os encontros alegres, sejam os tristes. As histórias sobrevivem ao tempo deixando marcas nos envolvidos.

Eu carrego no peito um imenso colar imaginário de histórias. Nele, cada pérola é uma história importante. Muitas delas foram herdadas de meus antepassados. Essa é a joia mais preciosa e poderosa que tenho. Não está materializado como um colar de verdade, mas sinto como se ele estivesse tatuado na minha alma. Como em toda boa história, as adversidades vividas pelas pessoas tornam suas narrativas autênticas.

> Como em toda boa história, as adversidades vividas pelas pessoas tornam suas narrativas autênticas.

Este livro fala de aprender a criar e contar histórias inesquecíveis, a partir de uma comunicação autêntica e poderosa que conecta pessoas. Você também tem um colar em seu pescoço, mas talvez não saiba disso. Você descobrirá suas histórias nos próximos capítulos desta obra, e tenho certeza de que vai querer comunicá-las para o mundo.

Voltando a meu pai: ele se chamava Jorge Ramos e tinha uma das vozes mais famosas do Brasil. Naturalmente, passei muitas tardes em estúdios de dublagens. A sala escura e silenciosa era um lugar no qual eu confundia os personagens que meu pai interpretava com a própria personalidade dele.

Fui atravessada pela narrativa de *007*, *Carros e carangos*, *O pequeno polegar*, *Os Waltons*, *Aladim*, *Rei Leão* e de outros desenhos da Disney. Para mim, a ficção se misturou à realidade e essas narrativas também me transformaram na pessoa que sou; suspeito que tenha sido daí que surgiu meu fascínio por histórias.

Em contraste a toda essa fantasia, vivíamos tempos tenebrosos no fim da ditadura militar, e o posicionamento político dos meus pais contribuiu para que a minha formação fosse pautada no respeito, no reconhecimento do outro e na liberdade de expressão.

A graduação em Teatro, a pós-graduação em Literatura e o pós-doutorado em Escrita Criativa foram um percurso formal com o objetivo de me aprofundar no tema que movia apaixonadamente minha vida. Meu interesse sempre foi pelo fantástico universo das histórias e das narrativas de tradição oral e seu impacto social, político, econômico e afetivo nas pessoas que as escutavam.

Ninguém pode roubar de você as histórias que você viveu, viu e aprendeu.

Adriana Jorgge

A ancestralidade é uma enorme boca contadora de todas as histórias do mundo.

Toda narrativa de tradição oral é transmitida de boca em boca por gerações em todos os lugares do mundo, atravessando os tempos. As histórias são imortais enquanto existir quem as conte. E isso justificou tantos anos de estudo e dúvidas.

Sim, dúvidas e incertezas são como combustível para o contador de histórias. Uma dúvida que tira o sono, quando bem contada, pode se tornar uma pérola de sabedoria, uma descoberta científica ou uma solução inovadora com o poder de impactar a vida de muitas pessoas.

Porém, para oferecer isso ao mundo, você precisa nutrir o contato consigo e com sua história. Essa conexão o conduzirá a uma dimensão muito mais gratificante do que só pagar boletos, acordar cedo e ser "perfeito". Você se tornará uma pessoa influente por saber contar histórias fascinantes.

Estou mergulhada nesse universo e atuo em palestras, escrevo artigos e livros de ficção, realizo mentorias direcionadas a seleções de emprego, performances para vídeos, storytelling de serviços e negócios, além de pesquisar sobre o poder das narrativas em diversas situações. Na minha prática profissional como professora universitária de uma instituição pública orientando trabalhos e participando de bancas e júris, conheci a potência que uma história bem construída pode exercer na formação de jovens e adultos.

Ofereço a meu cliente minha **Consultoria em Storytelling**, que o faz mergulhar em sua história pessoal e criar o Storytelling

Ideias extraordinárias fazem dinheiro

Bombástico da empresa/negócio/serviço/palestra/livro. E, então, acompanho-o no mergulho para desbloquear talentos com rapidez e intensidade.

Percebo que estamos vivendo um tempo histórico, no qual narrar e desconstruir as narrativas impostas são atos políticos, relevantes e revolucionários. Nesses últimos vinte anos, recolhi mais de quinhentas narrativas em todo o Brasil e fora dele. Tive a oportunidade de analisar o poder persuasivo que a história oferece ao narrador e o quanto potencializa a influência quase hipnotizante dele com a plateia.

Se sua vida parece uma subida eufórica de montanha-russa seguida de um mergulho vertiginoso no fracasso, este livro é para você. Está na hora de fazer uma Transformação Heroica com esta leitura – esse é o nome que dei para a decisão de recontar cada experiência vivida por você, assimilando todas as possibilidades de interpretação que elas oferecem, percebendo todas as vitórias que foram desvalorizadas durante sua vida, bem como seus melhores mestres: os fracassos e as incertezas.

O livro também fala do encontro entre nós. Você, leitor, provavelmente chegou a este texto porque, conscientemente ou não, valoriza histórias, precisa sair do anonimato e destruir a crença de que não é capaz de estar diante das pessoas, comunicando sua mensagem, contando uma história magnética, defendendo uma ideia, vendendo um produto ou serviço.

> Nós somos feitos de cabeça, tronco, membros e histórias.

Adriana Jorgge

Ou você quer continuar como aquela pessoa que tem um tesouro em formato de histórias incríveis – que seduzem, convencem e transformam a vida de muita gente –, mas continua comportando-se como alguém sem talento, sem capacidade e sem experiências valiosas para contar?

Ninguém pode roubar de você as histórias que você viveu, viu e aprendeu.

Mas talvez você esteja pensando: *Adriana, minha história é sem graça e comum em comparação à das outras pessoas bem-sucedidas que eu acompanho. Quem sou eu perto de tantos indivíduos com histórias incríveis? Eu não sou ninguém importante no mundo.*

Confie em mim: você tem coisas sensacionais para contar. E, para ajudá-lo nessa jornada de autorreconhecimento e no desabrochar do seu talento, apresentarei aqui o método Storytelling Bombástico, que o conduzirá até a quebra do paradigma negativo de que tudo está em falta e o melhor está sempre fora de você. Os cinco estágios desse método são comprometidos com algo precioso nas relações humanas: a arte de emocionar a partir da sua valiosa jornada de vida.

As próximas páginas vão ajudá-lo a entender que é na sua trajetória que estão as pistas que o levarão ao sucesso. Portanto, estou falando de uma coisa que não servirá para todo mundo da mesma maneira: o resultado será único como uma digital, pois cada pessoa tem uma história inédita.

Eu vou acompanhar você na descoberta da sua mina de ouro, que denomino **Storytelling-Embrião**. O lugar em que tudo está

Ideias extraordinárias fazem dinheiro

submerso, só esperando o momento de vir à tona, desabrochar e ser contado. E saiba que o veneno que o impede de realizar o que deseja está nas entrelinhas da sua história de vida; mas, felizmente, é aí também que está o antídoto de que você precisa para avançar. Em outras palavras, o Storytelling-Embrião é a parte da jornada que guarda a síntese de sua força, de seus talentos e, principalmente, de seu propósito.

Este livro é um convite. Sou eu chamando você para que conte a história que está engasgada, adormecida ou abafada, porque se tem uma coisa que não aprecio são ambições apequenadas. Vou mostrar o caminho para tornar sua história apaixonante, trazendo para ela o poder de tocar as mais profundas emoções de quem a escuta.

Uma história bem contada conecta, atrai e converte-se em boas vendas. Ela tem a capacidade de persuadir o público e até de seduzir os mais resistentes. As pessoas compram e são guiadas por emoção. A história emociona, abala as objeções e cria desejos urgentes nos clientes. As grandes marcas sabem disso e, por essa razão, constroem impérios alicerçados em uma boa história.

Tente lembrar-se de tudo que você fidelizou como consumidor e até pagou mais caro para ter. Acredite: alguém contou uma boa história sobre o produto e você, emocionado, confiou nela. E aposto que ainda indicou para os amigos. Bingo! Palmas para Coca-Cola, Apple, Leite Condensado Moça, Nescau, Lego, Disney etc.

Por meio desse método, vamos criar histórias magnéticas para seu produto, projeto, serviço, negócio ou marca. O que você vende

Adriana Jorgge

deve ser inesquecível na mente e no coração dos clientes. Você vai sair dos pensamentos habituais que deixam sua fala e escrita confusas e experimentar uma série de exercícios para a força atrativa de sua narrativa – o que eu chamo de efeito "ouviu, gamou".

Eu sei que dói ver ideias e projetos serem ignorados, vender abaixo das metas e se constranger pela baixa performance e não conseguir o reconhecimento esperado, embora tenha investido tanto dinheiro e tempo na sua formação. Não é possível que, para você, só reste admirar a força dos grandes comunicadores ou contadores de história e imaginar como teria sido fantástico estar ali em evidência, transmitindo sua expertise para um público que a deseja (e precisa) intensamente.

Não é mais aceitável que você passe um sábado à noite esperando uma mensagem ser visualizada. Impotente, inseguro, sentindo-se incapaz de contar seu desejo para a outra pessoa. Chega de sonhos tacanhos e de vontades pequenas.

Não poupe indignação com a vida que tem levado. Isso será como lenha para sua fogueira. Você deve queimar as justificativas que nunca o tiraram do lugar.

A partir de agora, nada nem ninguém poderá impedi-lo de sair dessa sombra em que você estava havia tempos. Não importa em qual fase da vida você se encontre, viva com coragem! Isso, por si só, já é um bom começo de história que vale a pena ser contada. E a parte da covardia, que você tem tentado esconder, é tão poderosa e valiosa quanto a coragem; apenas precisamos saber **como** contá-la.

Ideias extraordinárias fazem dinheiro

Então, vamos começar pelo primeiro e mais importante passo! Em direção a onde tudo sempre esteve: dentro de você!

E agora, olhando para dentro de si, responda-me: "Você tem coragem de se entregar à sua própria história?".

Eu estou pronta! Vem comigo? Vamos rumo à *Transformação Heroica* que você merece!

CAPÍTULO 1

O prédio do "tanto faz"

Ideias extraordinárias fazem dinheiro

Conhece aquela história sobre entrar no prédio errado? O cara entra em um prédio e se dirige ao elevador. O porteiro pergunta: "Está indo para qual andar, senhor?". E o cara responde: "Tanto faz, estou no prédio errado mesmo".

Você já se perguntou se entrou no prédio errado? E, se tem certeza de que está no prédio errado, pretende continuar nele?

Talvez você tenha se perdido pelo caminho. Ou nunca tenha tido realmente clareza de qual caminho deseja trilhar. Estou falando daquele momento que chamo de ter entrado no prédio do "tanto faz" e tentado se autoconvencer de que está tudo bem, porque ele é até parecido com o prédio certo. Mas, no fundo, você sabe que seu GPS interno apontava para um destino bem diferente.

Adriana Jorgge

Em outras palavras, é aquele momento em que tudo está fora de lugar na vida. Estou me referindo a se sentir infeliz no trabalho, vazio de desejos, sem vontade de se comunicar, incapaz de contar sua história para os outros, sem ânimo de ouvir as histórias de outras pessoas, inseguro nos relacionamentos, deslocado no lugar em que mora, sem amigos confiáveis e descrente do futuro.

E digo mais: das poucas coisas em que ainda acredita, você tem certeza de que, para mudar tudo o que precisa, terá um longo e árduo caminho pela frente, de muito trabalho e poucas garantias de alcançar seus objetivos. Conclusão: você sente o corpo pesado, a respiração curta e um desejo de não fazer nada. Simplesmente desistir! Sair de cena. Deixar de ser parte de qualquer história.

A insatisfação que se alastra em todos os setores de sua vida pode ter começado com uma sensação de tédio. Provavelmente você pensou que seria passageiro. No entanto, de passageiro não tem nada, e você acaba comprando um apartamento "no prédio do tanto faz". Essa insatisfação pode começar discretamente na sua vida e então você tenta justificar de muitas maneiras a raiva ou a tristeza que sente por estar em um dia feio e cinzento de inverno; por estar sempre perdendo os óculos, o celular e as coisas pelo caminho; por não conseguir se alimentar direito e sempre estar na correria; por ter chegado atrasado a um evento importante e acabar tornando-se "conhecido" por isso; por ter brigado

Enquanto todos estão brilhando e fazendo o que realmente gostam, você começa a acreditar que é uma pessoa sem sorte.

com alguém de quem gosta; por se matricular na academia, mas não frequentá-la.

Mas o fato é que, se tentar ignorar essa insatisfação, você corre o risco de dormir e de acordar com essa indigesta companhia até se habituar a ela. E, em pouco tempo, começa a justificar para si mesmo que é coisa do destino ou da vontade de uma força espiritual ou de um acaso infeliz, e que essa situação sempre se repetirá. Como se fosse uma Moira grega[2] tecendo infelicidades até seu último suspiro. Você sente que tudo ao seu redor parece conspirar para que se cale, para que se afaste das pessoas e espere pelo fim dramático dessa grande narrativa que é a vida.

Enquanto todos estão brilhando e fazendo o que realmente gostam, você começa a acreditar que é uma pessoa sem sorte. E, pior, continua vivendo e revivendo todas essas situações como uma montanha-russa amaldiçoada da qual ninguém pode sair, mesmo nauseado e com medo.

Sabe quando você tem que defender a qualidade e a eficiência de seu projeto perante todos os outros concorrentes, mas aí começa a suar frio, ter cólicas intestinais, sentir a boca seca, o corpo contrair e a visão ficar turva? O exato momento que você reconhece estar diante de sua tão esperada chance, mas é atravessado pela certeza de que vai fracassar antes mesmo de começar a falar. Você gagueja, perde a linha de raciocínio, sente

---

2 "As moiras, na mitologia grega, eram as três irmãs que determinavam o destino, tanto dos deuses quanto dos seres humanos." Disponível em: https://pt.wikipedia.org/wiki/Moiras. Acesso em: 15 dez. 2022.

baixar a energia e diminuir a confiança. Você murcha física e emocionalmente.

Durante minha trajetória profissional, presenciei e sempre me comovi com a angústia das pessoas que perdem oportunidades profissionais e amorosas por não saberem se comunicar ou narrar desejos e ideias. Assim, desistem de ocupar um espaço na empresa, no mercado de trabalho ou na vida da pessoa amada.

O que os outros têm que eu não tenho?

A tragédia se agrava quando você vê outro concorrente, menos qualificado, ficar com a oportunidade. *O que aquela pessoa tem que eu não tenho?* Você sente que é incompetente, fraco e menos inteligente se comparado a outros profissionais da área.

O mesmo pode acontecer quando você está diante da pessoa que lhe chama a atenção, que faz seu coração acelerar e, quando surge uma janela, você trava, não puxa nenhum assunto interessante. Você se culpa depois de saber que um alguém qualquer, e que não tem a mesma intensidade de sentimentos que você, vai sair com seu *crush* no fim de semana. E se pergunta: "Como essa pessoa tem a coragem que eu não tenho?".

Quantas vezes você é convidado para um evento ousado, em um lugar bonito e aprazível, com gente interessante, com boa música e comida, mas descobre que acontecerão dinâmicas e situações de exposição em público e simplesmente cancela a experiência? *Por que essas pessoas comunicativas são tão diferentes de mim?*

Por que sua rede social é repleta de posts com frases de efeito, fotografias de paisagem e suas raras imagens são da cintura para cima? Por que você odeia sua voz e sua aparência? *Como as pessoas com muitos seguidores e engajamento fazem para se expor em vídeos, lives e palestras? Onde elas encontram tanta autoconfiança para fazer o que me causa pânico só de pensar?*

Quantas vezes você passou a madrugada anterior estudando a melhor estratégia de vendas, organizando tudo em gráficos e slides dinâmicos, e, no momento de apresentar, foi assombrado pela ideia de que não é capaz de fazer isso e preferiu que outra pessoa apresentasse sua estratégia para evitar ser a piada no canto do cafezinho? *Por que estou acostumado a dar meus louros aos outros?*

Você tem medo de ousar, de ser criativo nas suas apresentações, de receber críticas e de perder a segurança do que já sabe. Eu sei que deseja ter uma comunicação envolvente e persuasiva; no entanto, na hora H, não consegue arriscar e mantém aquele tom de quem já morreu e esqueceu de se deitar. *Como deixo de ser o chato das apresentações que dão sono?*

Com frequência você sente que é um lixo quando começa a falar com as pessoas nos eventos sociais e as percebe inquietas, mexendo no celular, olhando para os lados e dando desculpas para sair da rodinha em que você está? *Por que não consigo ser uma pessoa carismática e querida nas festas?*

Ideias extraordinárias fazem dinheiro

Você se emociona ao assistir uma pessoa narrar a própria história de vida e reflete consigo: *Eu sei que tenho episódios interessantes na minha vida que poderiam servir de aprendizado para muitas pessoas. Mas como fazer isso?*

Admira a memória alheia e fica constrangido por não conseguir contar nem o sonho da noite passada ou uma piada, embaralhando as lembranças com a ansiedade de terminar logo. *Como certas pessoas conseguem prender a atenção das outras até lendo uma bula de remédio? Eu sou tão sem graça... Como explicar o magnetismo de um contador de histórias?*

A tão almejada vaga profissional está próxima de se concretizar, mas na frente do entrevistador você torna sua carreira uma sequência de fatos decorados, desinteressantes e pula os desafios da narrativa, como se fossem fracassos. Assim, cria um storytelling mentiroso e desconectado de quem ouve.

Já tem conhecimento suficiente e uma formação sólida, porém, quando é colocado em evidência na frente de um grupo de pessoas ou no palco, tem vontade de cavar um buraco no chão ou de nunca ter nascido. Fala correndo ou tropeça nas palavras, transmitindo insegurança e perdendo a autoridade diante das pessoas. A sensação de humilhação e vergonha dura semanas e isso já vem adoecendo você. *Como desenvolver a coragem de me apresentar em público, como os grandes palestrantes fazem?*

Você tem dificuldade de vender por achar que não consegue relacionar o valor do produto com os argumentos necessários para persuadir alguém. Tem necessidade de ensaiar incansavelmente, decorando um discurso que soa artificial e, ainda por cima, não sente segurança de improvisar para acabar com as objeções do cliente. O resultado é: a pessoa diz que vai pensar e não retorna nunca mais. *Perdi o "timing" da venda, e com certeza não tenho talento para isso. Por que não consigo ser sagaz e lidar com o problema e a necessidade do meu cliente e criar uma boa narrativa de venda em cada oportunidade que surge, como fazem os vendedores eficientes?*

Você conquista a oportunidade de tentar uma promoção junto ao seu chefe, mas não consegue comunicar o crescimento da empresa vinculado com a sua competência em gerir, vender e resolver os problemas. Seu chefe escuta vários colegas com menos rendimento e dá a eles a promoção que você tanto almejava. *Por que não sou capaz de assumir a minha importância como profissional e progredir no meu trabalho ou mudar de empresa?*

Você vai a uma festa de família e admira seu primo que, durante todo o evento, distrai as crianças e seduz os adultos contando histórias, sendo brilhante em costurar passado e presente e falar do futuro com uma segurança que chega a parecer uma previsão de guru. *Por que não herdei esse talento de meus ancestrais? Por que a melhor parte do DNA da minha família ficou com meu primo metido?*

Quantas vezes você já imaginou seus futuros filhos e, com essa imaginação, não enxergou a tradicional cena de contar histórias para eles dormirem? *Como ser inesquecível na vida deles como meus pais foram na minha?*

Por que não consigo contar minha história com humor, leveza e sinceridade?

Adriana Jorgge

Você está fazendo uma apresentação para convencer alguém de que seu serviço é o melhor do mercado, mas não consegue destacar seu diferencial em relação aos concorrentes. Tudo se transforma em mais do mesmo, e o cliente contrata o serviço mais barato, mesmo tendo menos qualidade. Você não consegue persuadir o cliente com uma história significativa sobre a excelência do seu serviço. *É revoltante não dominar minha narrativa para torná-la apaixonante e fechar o negócio. Como desenvolver a competência de apresentar meu posicionamento no meio profissional?*

Quantas vezes diante de um grupo de pessoas você já teve alguém tomando sua palavra e falando por você? Resumindo sua fala e, muitas das vezes, contradizendo o que você realmente queria falar. E aí fica aquela enorme angústia de saber que deveria interromper e retomar o assunto, mas não tem coragem e deixa que concluam o que quiserem sobre o que você estava falando. *Eu já não sou mais dono das minhas ideias e dos meus pensamentos...*

Você pode ser aquela pessoa que tem um repertório de histórias que contam vivências profissionais, todas oriundas de muitas experiências diversificadas que ajudariam a exemplificar erros e evitar problemas na sua empresa atual, mas não se encoraja a compartilhá-las. Tem medo de ser desinteressante e, por isso, não revela o próprio conhecimento aos colegas. *Por que não consigo ter confiança de narrar minhas histórias bem-sucedidas e me tornar o colaborador indispensável em qualquer empresa?*

Ideias extraordinárias fazem dinheiro

E todas as vezes que você ensaiou entrar nos sites de relacionamento, mas paralisou ao imaginar as conversas de um primeiro encontro com a famosa frase "Fale mais de você" ou "Conte um pouco da sua história para mim"? Tudo lhe pareceu difícil e burocrático, então você recuou e achou que essa atitude ousada não era seu perfil. *O que seria melhor falar primeiro? O que seria melhor* não *falar no primeiro encontro? Por que não consigo contar minha história com humor, leveza e sinceridade?*

Quantos milhares de vezes você deixou de viajar por estar sozinho, de ir ao cinema por estar sozinho, de entrar em um bar por estar sozinho, de se sentar no charmoso balcão perto do bartender por estar sozinho, de chegar a uma festa por estar sozinho? *Por que eu não me comunico com novas pessoas? O que falta para eu me sentir inteiro e me aventurar no imprevisível da vida?*

Até quando isso vai acontecer?

Por que você não se livra da procrastinação?

Sua rotina poderia ser diferente se você conseguisse contar de modo estratégico a história do seu produto, negócio ou serviço para se conectar com seu público. Ao melhorar seu posicionamento e sua performance para tornar o que você fala uma narrativa interessante e inesquecível no coração de seus colaboradores, de seus liderados e de sua audiência, é possível atingir muitas conquistas.

Em quantas ocasiões você desejou saber contar a história de sua trajetória de vida, ligando os episódios mais interessantes e conectando com a emoção do seu público, mas sempre deixou para o ano seguinte, quando terminasse seu milésimo curso on-line sobre o assunto? Talvez também esteja cansado de comprar livros e cursos sobre técnicas de storytelling e continuar sem conseguir criar uma história assertiva, coerente e autêntica sobre o que você vende. Sem clareza, não tem como transmitir sua missão para o cliente.

Aposto que você gostaria de ter coragem de contar para todo mundo que você quer escrever um livro sobre sua vida! Mas como fazer isso se não consegue enxergar o percurso de perdas e ganhos, valorizando as perdas como um tipo de experiência refinada na narrativa para torná-la poderosa e impactante?

Existe o receio de assumir seu posicionamento no ambiente digital porque sabe que terá que revelar seu propósito pessoal. Porém, sem segurança para declarar valores, posições e crenças, fica impossível fazer isso.

Vamos pensar: como certas pessoas conseguem acabar com conflitos e evitar guerras mundiais apenas convencendo as outras do tamanho da dor e do prejuízo que isso está causando? Será que essas pessoas já nasceram geniais na comunicação? Seria um dom, um prêmio na loteria genética ou um bom carma? E, se essa competência não é para todos, por que alguns foram castigados?

A sensação de insatisfação que falamos neste capítulo, sobre quando você entrou no prédio do "tanto faz", vai fazendo parte da sua alma. Provavelmente, você se identificou com várias das situações apresentadas e deve ter sido difícil, pois é quando você

Ideias extraordinárias fazem dinheiro

percebe que está nutrindo e cuidando não mais de uma insatisfação, mas de uma frustração profunda que parece instransponível. Cada decisão que precisa tomar está impregnada de medo e angústia.

Agora, você precisa aceitar uma coisa mais difícil ainda: você não acredita em si mesmo e em seus sentimentos. Você não reconhece o valor de sua história. E precisamos mudar isso.

CAPÍTULO 2

No prédio do "tanto faz", o elevador sempre trava

Ideias extraordinárias fazem dinheiro

Imagine esta cena: você entrou no prédio do "tanto faz" e está no elevador. Ele começa a subir, mas trava entre o sexto e o sétimo andar. Você não esperava que fosse ficar trancado ali dentro. Para "ajudar", a bateria do seu celular acabou e você está sozinho, não há um sistema de câmeras de segurança e o botão para emergências no painel do próprio elevador não funciona.

Você imediatamente grita por socorro mais de uma dúzia de vezes e dá alguns murros inúteis na porta trancada. Sente cansaço e dores na mão. A garganta dá um nó, você tenta segurar o choro, o peito aperta e uma sensação de abandono toma conta de você. O susto vai transformando-se em um desamparo paralisante. Seu corpo está todo rígido e pronto para escapar. Porém, não há para onde fugir. Você está preso.

Adriana Jorgge

O ar fica rarefeito e a sensação de sufocamento o deixam desorientado. *Será que o elevador vai cair? Será que vou morrer? Será que alguém está me ouvindo? Será que vou ficar preso por muito tempo? Será que alguém sentirá minha falta? Será que vou ficar louco?*

Você tenta respirar, lembrando-se de ter assistido a algum vídeo na internet que dizia que o melhor a fazer é respirar lentamente para estabilizar as emoções. E conta *um, dois, três, quatro...* A atitude muda um pouco seu estado de espírito. *Serei resgatado pelos bombeiros!* Esse pensamento vem da lembrança de histórias que já ouviu sobre ficar preso em um elevador. Então, você para de reagir negativamente ao fato. Resolve sentar-se no chão e ficar menos tenso.

No entanto, a tentativa de se acalmar não dura muito. Você consegue vencer a primeira batalha contra o nervosismo, mas percebe que a mente não silencia. Ao contrário, ela parece um carrossel desordenado em altíssima velocidade. Um pensamento desagradável seguido de outro.

Você escuta os pensamentos com nitidez e eles estão criticando-o por estar passando por isso. Começa a ouvir dentro da mente que não deveria ter saído de casa, e que, se não tivesse entrado nesse prédio, isso não estaria acontecendo, que você nunca toma a decisão certa, é desorganizado e está fadado ao azar. *Você merece esse castigo por ser tão inútil!*

Ideias extraordinárias fazem dinheiro

Os pensamentos se agitam como macacos pulando de galho em galho, e você tem a sensação de que o elevador está ficando mais apertado. Começa a acreditar que está em um cubículo de tortura no qual o algoz está falando dentro da sua cabeça e você não tem nenhum controle sobre isso. Você está em pânico e sente que vai desmaiar. Entre um pensamento e outro, pergunta-se: *Por que isso precisa acontecer comigo? Será que as coisas não podem dar certo para mim?*

Você acredita que se algo pode dar errado, certamente dará com você. Porém, o inesperado acontece. Você está diante do grande encontro da sua vida. O grande encontro com seu destino. Isso mesmo! O encontro com seu destino está acontecendo dentro de um elevador travado. Muitas vezes, a grande oportunidade de mudança está em um lugar improvável e em um detalhe quase invisível.

Estou referindo-me a enxergar a sutileza dos pormenores no cotidiano e, assim, reconhecer que tudo sempre esteve dentro de você.

Isso ainda não está fazendo sentido? Sem problemas, vamos continuar.

Você agora está sentado no chão do elevador. A frieza do piso o incomoda e você poderia se levantar, mas sente que foi vencido. Os pensamentos são sombrios, você os escuta e percebe seu efeito devastador; eles não param de acusá-lo. Os pensamentos não são inéditos. Você se lembra de outras situações em que sentiu que estava preso e impotente.

Adriana Jorgge

Todo mundo quer ser amado

Aquela lembrança dolorosa da época da escola se mistura às memórias de infância, quando "colegas" inventaram apelidos maldosos que o acompanharam por muitos anos. Então se lembra de todas as vezes que não sentiu alegria ao ir às festinhas do colégio, com medo do bullying que poderia sofrer. Recorda-se das muitas vezes que afundou a cabeça no travesseiro na hora de dormir para ninguém ouvir seu choro ou de quando chorou no banho, escondido no banheiro, no cantinho escuro em completa solidão.

O escritor uruguaio Eduardo Galeano (1940-2015) disse em *O livro dos abraços*[3] que recordar vem do latim *recordis* e quer dizer "voltar a passar pelo coração". Você pode passar novamente pelo coração os acontecimentos que o alegraram, mas também tristezas que aconteceram no passado e das quais não gosta de se lembrar.

Desde criança, todos nós desejamos ser amados. Temos a expectativa de sermos aceitos, reconhecidos e valorizados pela nossa família, nossos afetos, nossa comunidade e até por quem atribuímos uma autoridade especial, como Deus.

Sofremos intensamente por considerar que não somos amados. Ainda que você pense que já superou isso, ou que não faz mais parte do grupo de pessoas carentes, não pode negar que

---

3   GALEANO, E. **O livro dos abraços**. Porto Alegre: L&PM, 2006.

O amor valida
e legitima a
nossa presença
no mundo.

Adriana Jorgge

é afetado quando lhe faltam manifestações de amor, pois esse sentimento valida e legitima a nossa presença no mundo.

Você certamente já deve ter pensado que saber o próprio valor bastava para se sentir realizado. Como quando se sacrificou estudando por um longo período e finalmente chega o dia da formatura. Na ocasião, todos na sua família o parabenizam, menos uma pessoa. Você não perdeu o mérito da sua conquista, mas, mesmo assim, vai para o coquetel da colação de grau pensando naquela que não reconheceu seus esforços, e não nas pessoas que o parabenizaram e estão ali comemorando com você. E no que isso resulta? A parte faltante da sua família se torna mais presente do que quem, de fato, está ali.

Queremos ser vistos e considerados pelas pessoas que amamos. Se, em algum momento da vida, você perceber que não é amado, com certeza se sentirá invisível.

Quando você era adolescente e teve a primeira experiência de paixão não correspondida, aposto que pensou que seu mundo estava prestes a acabar. Lembra-se de quando se apaixonou e o outro nem sequer demonstrou interesse em você? E agora mesmo, como adulto, você pode estar sofrendo por alguém que nem sabe da dimensão da sua tristeza.

Provavelmente você está sendo guiado por péssimos pensamentos que reforçam seu fracasso amoroso. Talvez esteja em uma função profissional que nada tem a ver com seu real propósito de vida. E você permanece infeliz nesse lugar.

Ideias extraordinárias fazem dinheiro

Muitos desses pensamentos estão lá atacando sua mente com cenas de perdas e danos, afirmando que você viverá eternamente o suplício de se sentir inadequado em tudo. Esses pensamentos lhe dão um veredicto diário de que não terá condições nem competência para mudar, sair, resolver ou criar um novo horizonte de oportunidades.

Ao seu redor, algumas pessoas concordarão com o que há de negativo profundamente enraizado em você. Elas criticarão suas atitudes ou a falta delas. Isso vai agravar a sensação de menos valia e fortalecer os fardos.

Esses pensamentos lhe dirão em looping: "Seu corpo não é bonito, sua inteligência não é o bastante, sua voz não é marcante, sua competência não é o suficiente, sua performance é insignificante". "Você é um fracassado, um perdedor, uma fraude!", a vozinha na sua cabeça martela, sem parar.

Os pensamentos que nos desqualificam podem virar crenças limitantes que influenciam nosso comportamento. Você pode até entrar em uma espiral de devaneios disfuncionais, obsessivos e repetitivos e, assim, vir a adoecer.

Neste ponto do texto, por favor, **pare e respire**. Você não está mais sozinho! Estamos, eu e você, em um elevador parado, travado e trancado. Estamos aqui no encontro mais importante da sua vida. O encontro com seu destino. Conseguiu respirar? Então vamos continuar, porque, como disse anteriormente, algumas situações que acontecem parecem cumprir a função de prejudicá-lo, mas isso não é verdade.

Adriana Jorgge

Os pensamentos invalidantes

Esses pensamentos são invalidantes[4] de suas potências. Eles causam grande estrago na própria força de agir. Em outras palavras, os pensamentos invalidantes são disfuncionais e desqualificam seu valor pessoal e profissional, além de destruírem a autoestima, convencendo-o de que você é incapaz de vivenciar e superar os desafios da vida.

Quando não são combatidos, esses pensamentos severos podem criar narrativas bem diferentes da realidade. Estou me referindo a você acreditar piamente em uma verdade e sofrer por isso, mesmo que ela seja falsa. Em alguns casos, inclusive, a situação pode não ter acontecido e, por um mal-entendido, acaba por cometer um erro de julgamento que fará com que você e outras pessoas sofram.

Essas são as histórias que nossa mente conta para nós mesmos. Geralmente, o narrador dessas "ilusões" é nossa própria interpretação dos fatos, contaminada pelos pensamentos invalidantes: *Não conquistei aquele emprego porque não me esforcei o suficiente*. Se formos permissivos com a intromissão desses pensamentos durante as nossas ações, teremos uma vida pautada pelo medo e pelo sentimento de menos valia.

Eu atendo meus clientes e estruturo meu trabalho aplicando a Consultoria em Storytelling, na qual ofereço uma atmosfera

---

4 Chamo de invalidantes os pensamentos que julgam, criticam, comparam e diminuem sua potência de agir.

Ideias extraordinárias fazem dinheiro

de escuta das histórias para poder recriá-las e ressignificá-las em novas narrativas, sejam elas pessoais ou de um produto, marca, serviço ou empresa. Durante meu processo de mentorear e entrevistar o cliente, muitas surpresas acontecem. No momento da Consultoria do Storytelling, na privacidade da sessão, ao contar suas experiências, o cliente percebe que existem muitas outras camadas e novos significados a serem explorados. Isso nos deixa bastante instigados a mergulhar mais fundo na história.

Como assim, Adriana?, você pode estar se perguntando. Bom, vou preservar a identidade do cliente, batizando-o com um nome fictício. Vou contar o *case* de Carlos Antônio, um exemplo de libertação dos pensamentos invalidantes que criaram crenças limitantes e histórias falaciosas durante décadas. E, assim, você entenderá a importância de investigar suas narrativas. Parodiando Shakespeare: há mais mistérios nas nossas histórias que a vã filosofia dos homens pode imaginar.

O adeus a Carlos Antônio

Durante a segunda primavera pandêmica no sul do Brasil, tive a oportunidade de atender Carlos Antônio – 42 anos, biólogo de formação e empresário que precisava criar um storytelling para seu negócio on-line. Ele estava interessado em desenvolver alternativas para o descarte e a reciclagem de roupas no meio ambiente. Sua ideia foi criar um brechó on-line de roupas usadas.

Carlos estava consciente de sua missão social e queria criar um negócio que fosse educativo sobre o consumo inteligente de roupas usadas. Ele acreditava que tinha uma solução para ajudar no descarte de roupas e precisava convencer as pessoas a mudar seus hábitos de consumo gradativamente. Ele só precisava de um Storytelling Bombástico. Ou seja, precisava contar a história do brechó de maneira emocionante para vender mais.

O estudo conduzido pela Boston Consulting Group chamado Pulse of the Fashion Industry, de 2019, prevê que, até 2030, a indústria global de vestuário e calçados deverá produzir mais de 102 milhões de toneladas de roupas e acessórios que, futuramente, serão descartadas na natureza.[5] E Carlos estava pesquisando sobre o assunto e até mesmo já havia falado com investidores interessados na causa.

Durante nossas sessões, ele entendeu que teria que contar sobre sua experiência com a reciclagem de roupas usadas, coisa que aprendeu com sua avó Maria Antônia, costureira e grande contadora de histórias. Ele se lembrava da avó narrando histórias do passado e de como o ofício da costura entrou na sua vida.

Seu porquê precisa ser contado

A avó Maria, apesar dos pouquíssimos recursos financeiros, vestiu os doze filhos. Ela não só restaurou e reutilizou as roupas,

---

5   CAMARGO, F. O custo por trás da indústria da moda é maior do que você pensa. **Estadão**, 17 jul. 2021. Disponível em: https://einvestidor.estadao. com.br/colunas/fernanda-camargo/impacto-ambiental-industria-moda. Acesso em: 10 nov. 2022.

Ideias extraordinárias fazem dinheiro

beneficiando sua família, como também minimizou, durante o inverno rigoroso, o sofrimento de oitocentas crianças carentes na região onde morava. Para esse storytelling, a informação sobre o ofício da avó e suas ações sociais eram o que eu chamo de pista extraordinária, que fortaleceu o propósito do brechó on-line.

"Por que fazer um brechó on-line?", foi a primeira pergunta que fiz a Carlos. Simon Sinek, em seu livro *Comece pelo porquê*,[6] apresenta a técnica do círculo dourado e ensina a fazer as seguintes perguntas sobre o seu negócio:

- **Por que** vender o que você vende?
- **Como** você vende?
- **O que** você vende?

Imagem do círculo dourado de Simon Sinek.[7]

---

6 SINEK, S. **Comece pelo porquê**: como grandes líderes inspiram pessoas e equipes a agir. Rio de Janeiro: Sextante, 2018.
7 CARVALHO, H. Golden Circle: o que é, e a importância de definir para o seu produto. **Vida de Produto**, 25 jun. 2020. Disponível em: https://vidadeproduto.com.br/golden-circle/. Acesso em: 10 nov. 2022.

O porquê é o motivo que faz você acordar cedo todos os dias, superar dificuldades e aprimorar seu negócio. Sinek elucida que as pessoas não compram **o que** você faz e nem **como** você faz, mas sim **o porquê de você fazer o que faz**.

A pergunta que sempre faço ao meu cliente é: "Em que aspectos o mundo será diferente com a existência de seu negócio?". Minha intenção é saber o nível de transformação que o produto, a marca, o serviço ou a empresa pode causar nas pessoas. Essas perguntas ajudam a definir o posicionamento do meu cliente e, assim, ele consegue ter mais segurança para oferecer o produto.

O **porquê** do brechó on-line de Carlos estava comprometido com dois objetivos:

✓ A preservação dos recursos naturais do planeta;
✓ A continuidade das campanhas sociais de sua avó.

Percebi claramente que se tratava de uma narrativa valorosa por fazer parte da preocupação mundial com a ecologia e com o desenvolvimento social. O storytelling de Carlos carregava narrativas de gerações anteriores, que contava a história dos mais antigos, e isso legitimava o capital simbólico de saberes da ancestralidade dele.

Vejamos como foram as primeiras respostas de Carlos sobre o brechó on-line a partir do círculo dourado de Simon Sinek.[8] Nós começamos pelo porquê. E, quanto mais seu propósito for antagônico ao status quo estabelecido, mais ele seduzirá o cliente.

---

8 SINEK, S. How great leaders inspire action, 2010. Vídeo (17 min. 48 s.). Disponível em: https://www.ted.com/talks/simon_sinek_how_great_leaders _inspire_action. Acesso em: 10 nov. 2022.

Ideias extraordinárias fazem dinheiro

As pessoas agem impulsionadas pelas emoções e compram pelo coração e pelas paixões. Quem não quer comprar algo ousado e moderno? Original e inovador? Eficiente e fácil de usar? Um Storytelling Bombástico e competitivo apresenta esse ímpeto arrojado de fazer diferente e melhor. O consumidor compra o produto que promete transformar e romper com o status quo porque deseja aquela transformação em si mesmo também.

Respostas de Carlos

✓ **Porquê**: Sua roupa conta qual história? As roupas descartadas que poluem os recursos naturais do planeta contam uma triste realidade. Nossas roupas não querem carregar essa culpa. Elas querem contar a memória das pessoas que lutam pela sustentabilidade da Terra. Vista essa causa e narre uma nova história para o planeta.

✓ **Como**: Oferecer um serviço digital que vende e troca roupas usadas com estratégias de sustentabilidade ambiental para o ecossistema envolvido e, ao mesmo tempo, viáveis economicamente para consumidores, proprietários, investidores e colaboradores.

✓ **O quê**: Um brechó on-line de roupas usadas.

Eu também adicionei a pergunta **para quê** com o objetivo de completar o roteiro inicial de criação do storytelling do brechó on-line de Carlos. Entenda que saber o **para quê** organiza e esclarece o que você vai oferecer ao cliente, reforçando a conexão das pessoas com seu negócio, deixando-as seguras para comprar.

✓ **Para quê:** Para que as pessoas possam socializar, comprar e trocar roupas em um valor atrativo, evitando o descarte de tecidos usados na natureza, além de criar novos hábitos de consumo dos artigos da moda.

O porquê de Carlos era evitar mais prejuízos ecológicos com o descarte de materiais têxteis no meio ambiente e honrar os valores de seus ancestrais. Ele defendia uma atitude combativa em relação ao comportamento humano irresponsável e predador com a natureza. O storytelling do brechó on-line tinha uma musa inspiradora: sua avó Maria Antônia.

Criamos também um slogan para o site do brechó on-line, que uniu a sabedoria de Maria como contadora de histórias e seu legado – o consumo consciente de roupas usadas: **"Roupa usada é memória. Você pode vestir uma história"**.

Muitas vezes meus clientes não têm consciência de que as histórias de seus antepassados estão intrinsecamente, conscientemente ou não, ligadas a sua marca, seu produto, serviço ou sua empresa. O storytelling que necessita engajar um número maior de pessoas para uma ação social e política deve inserir de maneira estratégica a memória ancestral na narrativa.

O caminho percorrido por um avô, o desejo não realizado de um tio, o talento de uma mãe e os segredos de uma família constituem os verdadeiros impulsos de meus clientes em decidir, ainda que de modo inconsciente, por isso e não por aquilo no seu negócio. E, vista superficialmente, a marca da

De tanto se repetirem em sua cabeça, as fantasias podem se tornar verdade para você. Porém, somente para você.

ancestralidade pode parecer algo sem utilidade de ser inserida no storytelling, até que se faça uma investigação mais profunda da trajetória familiar.

Quem não se identifica com a coragem da avó de Carlos, que venceu dificuldades e compartilhou sua vitória com os mais necessitados? E que ajudou a melhorar a vida de muitos, impactando a realidade de uma comunidade inteira?

Portanto, em minhas sessões, conduzo o cliente a se debruçar sobre sua história e se tornar consciente da trajetória de seus antepassados, apropriando-se dessas informações no próprio storytelling. A narrativa do cliente, quando investigada em profundidade, tem mais chance de se tornar inesquecível e de tocar o coração do público, pois carrega em si a história de uma paixão de anos. No caso da história de Carlos, a presença de sua avó, sua mãe e seu irmão enriqueceram o storytelling do brechó.

Mergulhar na sua história é desvendar mistérios

Quando chegamos ao momento de escrever a biografia da família de Carlos no site do brechó, ele demonstrou não ter vontade de falar de seu único irmão. Desde os 5 anos, Carlos carregava consigo uma história dolorosa sobre um episódio narrado por ele como "aquele domingo no parque". Em um domingo de 1978, ele tinha ido ao parque com quase toda a família, que resolveu passear no

Ideias extraordinárias fazem dinheiro

trenzinho da alegria que circulava por ali. Todos embarcaram no trenzinho, menos Carlos.

Ele me contou, emocionado: "Fui esquecido fora do trenzinho com aquela idade! Eu fiquei sozinho, chorando e vendo os vagões partirem com minha mãe, minha tia e meus primos".

Eu perguntei a Carlos se ele já tinha conversado com a mãe sobre isso, pois ainda parecia abalado, como se fosse um evento recente, embora tivesse acontecido havia quarenta e quatro anos. Ele disse que não. Então, com muito cuidado, ao decorrer do processo de construir o storytelling do brechó, sugeri a ele que conversasse com a mãe para saber mais sobre aquele episódio tão delicado.

Ele confiou na metodologia que estávamos aplicando e conversou com a mãe. No encontro seguinte, ele me revelou o que ela dissera. De fato, houve o tal passeio no parque, no qual sua tia era a responsável pelos primos e por ele. No entanto – pasme –, a mãe de Carlos nunca esteve presente no passeio, pois já estava no hospital em trabalho de parto, na companhia da avó Maria. Afinal, até então, Carlos era filho único.

Ele não tinha sido esquecido fora do trem porque seus primos e a tia não fizeram o passeio. O valor do tíquete para o trenzinho era maior do que podiam pagar e, quando chegaram

> Contar histórias é costurar com um fio dourado o passado, o presente e o futuro para superar os nossos abismos emocionais.

na fila do brinquedo, desistiram. Carlos, por sua vez, se perdeu na confusão, mas foi encontrado logo em seguida. É comum em uma família o mesmo acontecimento ser contado pelos parentes com diferentes versões. Você já deve ter observado isso. Não se trata de defender uma interpretação única da história, mas de entender os vários pontos de vista que um mesmo fato pode ter ao ser vivenciado e contado.

De tanto se repetirem em sua cabeça, as fantasias podem se tornar verdade para você. Porém, somente para você.

Meu cliente interpretou a ausência da mãe naquele passeio como se ela o tivesse rejeitado e abandonado. Hoje, ele percebe que seu grande trauma era, na verdade, ciúmes do irmãozinho que estava chegando para dividir a atenção da mãe. A experiência de pesquisar sua história de vida lhe proporcionou a reparação de antigos sentimentos em relação à mãe e ao irmão.

Carlos e eu, profundamente tocados ao final desse processo de criação, chegamos a uma conclusão: ao evocar a memória de sua avó Maria no storytelling, costuramos as pontas soltas da própria história dele.

Contar histórias é costurar com um fio dourado o passado, o presente e o futuro para superar nossos abismos emocionais.

A canja de galinha

Antes de encerrarmos este capítulo, vou contar mais uma narrativa que trata de ilusões na memória de uma criança. Nessa, eu fui testemunha.

Ideias extraordinárias fazem dinheiro

Quando crescemos e revisitamos nossas histórias de infância, podemos nos deparar com traumas e com algumas fantasias curiosas também. Eu mesma sou prova de uma pequena anedota que se tornou uma das favoritas da família. Meu irmão mais velho, quando tinha 10 anos, sofreu alguns episódios de febre reumática e, em uma dessas ocasiões, se ressentiu de meu pai por ter dado a ele injeções de canja de galinha.

Ele narrava que a injeção era muito ruim e dolorosa, ao mesmo tempo que descrevia o panelão de canja com arroz, legumes e muitos temperos cozinhando no fogo alto. Obviamente, meu pai tentou de todas as formas explicar que a canja de galinha foi umas das comidas que ele ingeriu durante o período que ficou acamado e que não seria racional colocar a sopa em uma seringa, certo? Houve um tempo em que dizíamos, com ironia, que não seria possível nem se a canja fosse batida no liquidificador.

Nesse caso, a fantasia de criança, provavelmente aliada à febre alta, à dieta da qual ele não gostava e a toda sorte de pesadelos, criou uma história pitoresca, até que ele deu por si e perdoou a família por esse disparate. Percebeu o amor e a dedicação de meus pais em um momento em que ele precisava de cuidado.

Felizmente, essas duas histórias acabaram bem e são bons exemplos de como pensamentos (sejam inventados ou não) têm um grande poder sobre nós.

CAPÍTULO 3

Quem gosta de ficar preso sozinho no elevador?

Ideias extraordinárias fazem dinheiro

Volte a visualizar o elevador trancado e você dentro dele. Um pensamento atravessa sua mente com suavidade: *A gente chega neste mundo sozinho e sai dele sozinho.* Talvez você já tenha ouvido essa frase. Mas agora, preso no elevador, você se sente em um casulo quentinho e se distrai ao se imaginar como um bebê dentro do útero. *Os barulhos fora da barriga da mãe, as vozes das pessoas, como será que os bebês interpretam isso?*, você reflete. Curiosamente, desde que entrou no prédio do "tanto faz" e ficou preso no elevador, essa é a primeira vez em que se sente mais tranquilo.

Não há nada a fazer, a não ser esperar. Parece até quando você entra em um avião. Se não é o piloto, que tem uma imensa responsabilidade nas costas, não resta o que fazer, apenas aguardar

a chegada ao seu destino. Os pensamentos invalidantes, de tanto se repetirem, perderam a força. É um alívio.

O ar está menos pesado. Você respira melhor. Uma sensação de conforto lhe toma o corpo como uma vibração que se assemelha às ondas. Você se lembra do tecido sedoso de uma antiga camisola de sua mãe, da música que tocava na escola, do mercadinho perto da sua casa, do tombo de bicicleta. *Será que foi isso mesmo que aconteceu? Por que me lembrar disso tudo agora?*

Você ri sozinho das conexões que sua memória está fazendo. A vida pode ser tão engraçada... Você recorda que já teve esse pensamento quando era criança sobre a vida ser divertida. Há quanto tempo você não fica sozinho e em silêncio? Você se lembra da brincadeira de sério de quando era criança? Quem risse primeiro perdia. Essa memória o faz rir. *Por que estou achando tudo isso tão engraçado?*

Foi durante uma aula que a professora pediu que alguém lesse o texto do livro. Você leu em alto e bom som e sentiu que era capaz disso e muito mais. E como era bom assistir à paisagem da rua passando pela janela do carro. *O que aconteceu com aquela época de criança, quando tudo parecia mais leve e esperançoso, para agora tudo ser sacrificante?*

Sua vontade é de ficar no elevador para sempre. Nenhum compromisso e nada mais a decidir. A ideia vai crescendo em uma esfuziante alegria e com gosto de uma vingança infantil. As pessoas chatas vão procurar por você, mas nunca o encontrarão. Você não

Ideias extraordinárias fazem dinheiro

precisa trabalhar, ganhar dinheiro, decidir o que vai comer, fazer dieta nem se preocupar com o corte de cabelo.

Mas você sabe que não será por muito tempo. Uma hora a porta do elevador vai se abrir e você terá que voltar à rotina. Por que isso parece tão difícil? Você sente que sua infância ficou uns 10 mil anos para atrás.

Eu quero dizer uma coisa para você que está vivendo essa força retrativa que o faz olhar para trás e pensar que as coisas eram melhores no passado ou que no presente está tudo pior: isso não acontece só com você. Quando estamos inseguros sobre o que sentimos, o que somos e o que fazemos, é comum sermos acometidos por julgamentos e comparações.

Existe uma espécie de régua imaginária, uma medida fantasiosa, muitas vezes criada por nós mesmos, que serve para nos comparar aos outros. Esse julgamento está dentro de nossa mente e atua como uma cobrança insistente, causando estragos físicos e emocionais. Essa necessidade de ser igual ou melhor que os outros nos impede de viver o presente, o frescor das experiências e de nos expressarmos com autenticidade. *O que os outros vão achar de mim?* – quem nunca pensou isso e deixou de fazer o que desejava?

A maldição de se comparar com o outro

Diante de tantas críticas, temos medo de errar e de sermos punidos. Esse pavor de ser inadequado acontece muito cedo, quando ainda somos crianças e começamos o processo de socialização na escola.

67

Adriana Jorgge

Quem nunca tirou uma nota baixa e teve medo de se tornar um exemplo de burrice na turma? Já é sabido que o bullying e todo tipo de humilhação e desqualificação de uma criança no ambiente escolar tem a força de adoecê-la ou até mesmo de levá-la ao suicídio.[9] São muitos os casos de crianças incapazes de interagir em público, o que resulta em um desenvolvimento psicológico prejudicado.

Quando a escolarização é baseada na competição, a criança já aprende que seu valor é medido ao se comparar com o outro. A individualidade não é respeitada e a subjetividade é desvalorizada caso ela não alcance o nível desejado segundo os critérios estabelecidos por uma pedagogia autoritária.

Com exceção das iniciativas educacionais comprometidas com o desenvolvimento do pensamento crítico e reflexivo do aluno, todo o restante do ensino cumprirá a função de domesticar e disciplinar o corpo e a mente das crianças para que obedeçam e se moldem aos padrões preestabelecidos.

A fase do letramento pode ser traumatizante nessa atmosfera de premiações e punições, e em pouco tempo a criança perceberá que a humilhação só poderá ser evitada se ela se expuser menos, tentar menos, perguntar menos e ficar quieta.

O medo de falar o que sente em público pode começar nesse período. Exatamente na fase em que a criança deveria estar feliz ao cantar, dançar, jogar, criar e contar histórias de modo livre. Em

---

9 SARAIVA, A. IBGE: 40% dos alunos já sofreram 'bullying' e 24% dizem que vida não vale a pena. **Valor Econômico**, 13 jul. 2022. Disponível em: https://valor.globo.com/brasil/noticia/2022/07/13/ibge-40-pontos-percentuais-dos--alunos-j-sofreram-bullying-e-24-dizem-que-vida-no-vale-a-pena.ghtml. Acesso em: 14 nov. 2022.

Ideias extraordinárias fazem dinheiro

vez disso, ela estará pressionada a agradar o professor, a família e todos os que a cobram para que atinja a maior nota possível.

Quem nunca ficou feliz por ter tirado 10 na prova de Ciências, mesmo que no final do semestre não tenha aprendido nada sobre o que representa a teoria da cadeia alimentar na sociedade atual? Isso porque a felicidade era ser elogiado na frente de todos na sala de aula e em casa.

Quando crianças, somos desencorajados a ter um comportamento espontâneo e autônomo. E, por causa disso, controlamos nossos impulsos e nossa curiosidade para aprender coisas novas. Mais tarde, como adultos, somos oprimidos diariamente em uma competição desenfreada no trabalho e nas redes sociais, e essa competição nos isola e impede que tenhamos uma convivência saudável com as pessoas.

O sentimento de inadequação profissional prejudica a capacidade criativa, o talento em liderar e resolver problemas. Gastamos muito dinheiro em tratamentos para reaprender a olhar para dentro de nós mesmos e descobrir nosso propósito, seja na vida, seja no trabalho.

"Fala, menino, parece bicho do mato! Desembucha, garota! Perde a vergonha e fala logo!" Lembra-se de ter ouvido isso ou de ter presenciado alguma pessoa passar por isso? Pois é... Se você recorda momentos como esse na infância, de ter vontade de abrir um buraco e sumir nele, provavelmente falar em público ainda é custoso para você. Sabia que existe um nome para esse medo e estratégias para vencê-lo?

Adriana Jorgge

Glossofobia: medo de falar em público

A ciência tem desenvolvido estudos recentes sobre glossofobia. Isso tem ajudado a conscientizar a sociedade sobre a necessidade de desenvolver uma comunicação eficaz, saudável e não violenta. Você sabia que muitas pessoas têm mais medo de falar em público do que da morte, de doenças ou de problemas financeiros?[10]

Estudos apontam que um grande número da população mundial apresenta algum nível de medo de falar em público. E isso também inclui o medo de expor a história pessoal e profissional em situações importantes, tais como seleções de trabalho, seminários, apresentações, palestras em empresas ou universidades.

Essa fobia afeta diretamente a performance da pessoa, podendo produzir um quadro agudo de ansiedade e até desencadear um episódio de pânico. Nessas situações, a pessoa foge ou entra em colapso diante da audiência.[11]

Mas existe uma maneira eficiente de se empoderar para enfrentar uma situação desafiadora como essa. Uma das estratégias eficazes é entender que o comunicador ou palestrante é também um contador de histórias. Ele pode inserir as próprias histórias no

---

10 MACKENZIE, M. Medo de falar em público é maior do que da morte, diz estudo. **Mackenzie**, 25 fev. 2019. Disponível em: https://www.mackenzie.br/noticias/artigo/n/a/i/medo-de-falar-em-publico-e-maior-do-que-da--morte-diz-estudo. Acesso em: 10 nov. 2022.

11 D'EL REY, G. J. F.; PACINI, C. A. Medo de falar em público em uma amostra da população: prevalência, impacto no funcionamento pessoal e tratamento. **Scielo Brasil**, 21 ago. 2005. Disponível em: https://www.scielo.br/j/ptp/a/PR8KQhhs585nSfM4mG7T6FG/?lang=pt. Acesso em: 17 jul. 2018.

A idealização de uma vida perfeita nos impede de viver a beleza de uma vida real.

storytelling de seu negócio, fazer analogias e utilizar metáforas focando um roteiro mais seguro e confortável para apresentar à plateia. Ele pode se apoiar na familiaridade de uma narrativa que somente ele conhece e torná-la inédita e estimulante ao público.

A história contada aproxima as pessoas, auxilia no entendimento do assunto e encaminha para o objetivo a ser alcançado; por exemplo, ter sucesso na adesão de uma causa ou na venda de um produto ou se eleger para um cargo.

Você sabia que contar histórias auxilia no combate ao mal-estar provocado pela glossofobia, proporcionando a sensação de êxtase para quem conta e quem escuta uma história?[12]

Ao contar histórias, o narrador, mesmo tímido, se sente protegido pela trama dos personagens que está narrando e pelos desfechos inesperados da história. Seu corpo se coloca na cena em que está contando e sua performance de palco hipnotiza o público. Ele tem uma missão importante: emocionar as outras pessoas.

No momento da contação de história, mesmo envergonhado, ele pode ser tudo o que quiser, pois é o único a saber da história contada. Ele brilhará no centro do palco, seja qual for o palco em que estiver. E será o narrador poderoso na roda de amigos, na sala de sua casa ou em um evento de destaque profissional.

---

12 BROCKINGTON, G. *et al.* Storytelling increases oxytocin and positive emotions and decreases cortisol and pain in hospitalized children. **PNAS**, v. 118, n. 22, 2021. Disponível em: https://www.pnas.org/doi/pdf/10.1073/pnas.2018409118. Acesso em: 23 jan. 2023.

Ideias extraordinárias fazem dinheiro

Mas vamos voltar para a cena em que você está preso no elevador do prédio do "tanto faz". O tempo de confinamento lhe revelou detalhes do ambiente. Características que não teria observado se não estivesse preso no espaço. Você não consegue avaliar quanto tempo já se passou desde que entrou ali.

Sua imaginação é fértil nesses momentos em que o desafio é claustrofóbico, e a sensação de que algo sobrenatural está acontecendo se intensifica. Um fantasma talvez consiga passar pela vedação da porta do elevador e sorrateiramente esteja entorpecendo sua consciência com o objetivo de controlar sua mente. *Que bobagem!*, você pensa. Você não é mais criança. *Não existem fantasmas*, você descarta.

No entanto, essas fantasias retornam com mais nitidez. Inspirado pelo fantasma do medo de se comunicar, você imagina os bombeiros abrindo as portas do elevador e que um grupo de pessoas estranhas está esperando-o no térreo do prédio, munido de celulares, fazendo fotos, vídeos e lives ao vivo sobre a pessoa que ficou presa no elevador do prédio do "tanto faz". Que, no caso, é você!

A cena é patética, mas crível nos tempos de hoje, já que de louco, médico e repórter de plantão todo mundo tem um pouco. A sequência desconfortável de cenas prossegue sem piedade, e você imagina uma pessoa inconveniente com um celular na mão perguntando: "Como está se sentindo depois de ficar preso em um elevador por tanto tempo e sair mais perdido do que entrou?". E emenda outra: "Você considera isso um aviso de que tudo está errado na sua vida? O que pretende fazer agora que todos sabem que você é a pessoa perdida que estava no elevador?".

O medo de falar em público pode ser nosso maior inimigo em situações em que temos que ter uma atitude receptiva e autoconfiante diante de uma plateia ou um entrevistador. E, na angústia de acabar logo com a situação de exposição, podemos desvalorizar nossas habilidades e experiências suprimindo fatos importantes de nossa comunicação, desqualificando nossa apresentação. Teria sido assim com Cristina se não tivesse recebido minha mentoria. No *case* "O tabu de Cristina", ocultei a identidade real da cliente, porém sua trajetória está fidedigna aos fatos.

O tabu de Cristina

Na Consultoria em Storytelling, tive a oportunidade de conhecer Cristina – 35 anos, casada, mãe de dois filhos, nascida no sudeste do país. Ela sonhava em trabalhar em uma multinacional farmacêutica desde sua formação no ensino superior. E finalmente sua chance havia chegado!

Vou contar a história dela por acreditar que esse atendimento ilustra com precisão um erro comum cometido quando vamos narrar nossa história em uma entrevista de trabalho.

A angústia de todo profissional que está pleiteando essa oportunidade é conseguir realizar uma apresentação impactante. Organizar a fala de modo claro e objetivo, mas envolvente. Demonstrar domínio dos assuntos e tornar aquele momento o mais natural possível.

Ideias extraordinárias fazem dinheiro

As preocupações iniciais de como apresentar seu currículo durante a entrevista de avaliação para o cargo na empresa foram:

✓ inserir, desenvolver e defender sua narrativa em experiências anteriores com eficiência, valorizando seus talentos;

✓ desenvolver uma atitude positiva diante da oportunidade de trabalho e apresentar uma performance corporal (gesto, voz, dicção etc.) consciente, tranquila e bem posicionada;

✓ contar sua história pessoal e profissional a fim de conectá-la com as emoções do ouvinte e assim se tornar inesquecível e única. Aquela situação em que o entrevistador pensa: *Achamos a pessoa certa.*

Cristina tinha dúvidas sobre como personalizar e tornar original sua apresentação. Durante nosso primeiro encontro, ela se mostrou disposta a se dedicar a não ser monótona ou previsível. Estava preparada para ensaiar e fazer os exercícios indicados por mim para aproveitar todo o potencial de sua voz e performance.

Contudo, tinha medo de falar em público. Escrevia bem e tinha sucesso quando era permitido ler sua comunicação. Estava ansiosa justamente por se tratar de uma situação de total exposição, em que não era permitido ler currículo, e o contato visual com o entrevistador era de suma importância.

Essa entrevista era sua chance. Ela havia se preparado por muito tempo e precisava dessa conquista. Não era só o valor da remuneração, mas a empresa e o time dos quais sempre quis fazer parte.

Adriana Jorgge

A **dor** de Cristina, usando a nomenclatura do marketing, aquilo que ela imaginava ser o problema principal, a pedra no seu sapato, era o medo de falar em público. Ela temia ter uma performance insatisfatória e perder a chance de ser escolhida para o cargo. Ela tinha pânico de imaginar que poderia gaguejar, esquecer ou não ser coerente enquanto falasse com o entrevistador. Porém seu **real problema** estava em uma camada mais profunda de sofrimento.

Muitas vezes, o terapeuta, coach ou mentor identifica nas reclamações do cliente aquilo que não está visível de imediato na narrativa. No caso de Cristina, seu real problema era a idealização do lugar em que iria trabalhar em detrimento de seu valor pessoal e profissional. Isso causava ansiedade e acionava a baixa autoestima. Ou seja, ela não se sentia merecedora da oportunidade.

Ao mesmo tempo, Cristina idealizava a vida nessa multinacional, mas na realidade não conhecia a estrutura do futuro local de trabalho, tampouco sua missão, seus valores e posicionamentos. Ela estava concorrendo à vaga de representante farmacêutica junto aos médicos, porém desconhecia o que o cargo exigia. A natureza de sua função tinha como objetivo fazer médicos renomados adotarem os medicamentos fabricados pela empresa para suas prescrições.

A questão era que Cristina não conseguia articular um discurso que envolvesse a experiência, o talento e a exigência do cargo. E mais ainda: ela não procurou pesquisar sobre as fragilidades da empresa e como ela, enquanto profissional, poderia supri-las.

Ideias extraordinárias fazem dinheiro

Eu a ajudei a resolver essa situação criando o que chamo de Mapa do Ponto de Virada. Um mapa organizado, em ordem cronológica crescente de suas experiências profissionais associadas à evolução e à transformação pessoal. Criei o Mapa do Ponto de Virada para meus clientes perceberem que toda experiência bem-sucedida no campo profissional resulta em um ganho na vida pessoal que deve ser assumido e comunicado na sua apresentação – falaremos disso mais adiante.

Cristina precisava aprender a contar um storytelling que convencesse o entrevistador de que ela era a pessoa certa, na hora certa, para a função certa. Uma profissional desejada.

Quando me mostrou a primeira versão de apresentação de currículo, Cristina jogou fora o coração da sua comunicação. Ou seja, a parte da sua trajetória que poderia conectar emocionalmente com a do entrevistador. Lembre-se: o ganho profissional está interligado ao ganho pessoal, e um influencia diretamente o outro de maneira concreta ou emocional.

Explico melhor: Cristina foi morar no Canadá e interrompeu as atividades profissionais por um ano para cuidar do pai, que tem uma doença degenerativa. Portanto, houve um hiato no seu portfólio. Ela quis esconder isso, acreditando ser algo negativo, mas era justamente essa delicada situação que lhe dava a sensibilidade necessária para entender o sofrimento dos pacientes e das famílias e a importância de um remédio eficaz que amenizasse a dor de um ente querido.

Ela tinha um tabu: idealizava uma história sem falhas ou fracassos. Uma narrativa sem tristezas e desafios.

A idealização de uma vida perfeita nos impede de viver a beleza de uma vida real.

O medo de ficar vulnerável

O motivo era único: medo de ficar vulnerável diante das outras pessoas e ser julgada negativamente por isso.

A autora Brené Brown, em seu livro *A coragem de ser imperfeito*,[13] explica que a vulnerabilidade é positiva quando percebemos nela a oportunidade para nos conhecer melhor e descobrir nossas potências. A vulnerabilidade é a base para a coragem.

Cristina não tinha percebido, até então, que a experiência de cuidar de seu pai era a própria missão da empresa farmacêutica em que queria trabalhar. Sem dúvida, ela era a pessoa que eles estavam procurando. A profissional que conseguiria aliar conhecimento e experiência à sensibilidade e capacidade de liderar em momentos de desafios. Ela só precisava levar essa história de amor e dedicação para a apresentação.

A vida real nos dá instrumentos para superar desafios. Ter consciência do que estamos vivendo em cada episódio torna nosso repertório de conhecimentos um verdadeiro tesouro.

---

13 BROWN, B. **A coragem de ser imperfeito**: como aceitar a própria vulnerabilidade, vencer a vergonha e ousar ser quem você é. Rio de Janeiro: Sextante, 2016.

Ideias extraordinárias fazem dinheiro

A melhor atitude a ser tomada em uma entrevista é se transformar no candidato mais sintonizado e congruente possível com os valores da empresa. Cristina precisava entender que o entrevistador não estaria esperando por uma supermulher ou uma mulher-maravilha, mas por uma profissional qualificada e experiente que resolvesse as demandas do cargo que pleiteava.

Ela precisaria contar sua trajetória e mostrar que era capaz de persuadir os médicos e defender a qualidade dos medicamentos que representaria nos eventos e congressos. Na entrevista, ela deveria conseguir demonstrar sua capacidade como contadora de histórias e mostrar sua expertise como vendedora e sua sagacidade para agir nas situações desafiadoras, algo em que ela possuía bastante experiência.

Por exemplo, eu a orientei que, durante a entrevista, ela percebesse alguma fragilidade atual no time ou na empresa e assim aproveitasse essa oportunidade para oferecer uma possível solução ou uma atitude mais eficaz para a organização.

Ela estava se preparando para improvisar e estabelecer uma relação de empatia com o entrevistador. Para tanto, ensaiamos o discurso e fizemos diversos exercícios de improvisação teatral, performance corporal e posicionamento.

No fim, ao deixar de se comparar com os outros, superar o medo de falar em público e expor sua personalidade, Cristina conseguiu a vaga na empresa, saiu do prédio do "tanto faz" e hoje trabalha em outra célula fora do Brasil.

CAPÍTULO 4

O tempo dentro do elevador é outro

Ideias extraordinárias fazem dinheiro

Volte para a imagem do elevador trancado. Preciso que permaneça aqui dentro do elevador. Continue a imaginar o que descrevo. Você tenta lembrar o que comeu pela manhã, mas não consegue. Tem tanta coisa por fazer, mas também não sabe exatamente o quê. As coisas, às vezes, parecem sem sentido quando estamos presos no mesmo lugar. Você não acredita em nada, nem em si mesmo.

A mente recapitula fragmentos da sua vida. Você sente o corpo partido em pedaços. Pressente que chegou a hora de decidir o que fazer. Mas o quê? E como? Um imenso desânimo toma conta de você. As costas estão pesadas, a cervical dói e a cabeça parece que vai explodir. Você se pergunta: *Qual é o sentido da vida? Qual é o sentido da minha vida? Qual é o motivo de eu fazer as coisas que faço? Qual é o meu porquê?*

Adriana Jorgge

Um calor lhe sobe o rosto e, ao mesmo tempo, vêm à mente partes aleatórias e até desconexas no tempo: semana passada, três anos atrás, aquele Natal, seu melhor brinquedo, quando viveu o primeiro luto, a memória do primeiro beijo. A recordação de beijar os lábios de alguém lhe causa uma leve alegria. Isso é bom. A paixão tem essa capacidade de nos lembrar de que estamos vivos. Ficamos eufóricos. A vida ganha contornos e cores mais intensas em nossa mente.

O estado de alegria que sentimos por algo ou por alguém pode nos ajudar a recordar o porquê, o motivo pelo qual fazemos as coisas. Qual é o seu porquê? Ter consciência dele em tudo o que você faz e estar em consonância com isso é um estado de poder. Você conquista um posicionamento autêntico diante do público.

Estar em sintonia com seu porquê torna você poderoso.

Peço que pare por um minuto neste parágrafo para pensar sobre as seguintes questões: Você acredita em si mesmo? Acredita em sua competência para os negócios?

Investigue isso mentalmente. Quando você pensa sobre a descrença que tem por si e em como tem vivido a vida, o que sente? Se o medo de falar em público é aterrorizante para muitas pessoas e a incapacidade de falar sobre si ou de contar sua história é quase intransponível, quero afirmar que esse medo está relacionado a você não acreditar no que está comunicando.

Você pode não acreditar no que vende justamente por estar impregnado de pensamentos invalidantes. Você tenta vender,

Ideias extraordinárias fazem dinheiro

mas algo, como uma pulga atrás da orelha, fica ali dizendo que sua ideia ou seu negócio não valem nada. É um círculo vicioso.

Você não acredita no que está comunicando para os outros, sua comunicação revela sua insegurança, você parece estar mentindo, e as pessoas, ao perceberem isso, não compram seu produto.

Para evitar essa insegurança, é importante se preparar e estudar mais sobre seu negócio, aprimorar sua apresentação e trazer mais qualidade para seu trabalho, com novos conhecimentos e melhorias, a fim de vender mais. Exige disciplina, persistência e testes no decorrer da existência de seu negócio, além da busca incessante por um diferencial em relação à concorrência.

E cuidado: seus pensamentos invalidantes vão lhe dizer que você não tem capacidade de suportar tamanho trabalho e dedicação. Portanto, seja leal ao seu porquê, já que precisará lutar contra a procrastinação e a falta de confiança em criar soluções. O fato é que todos somos empreendedores, e empreender é resolver problemas diariamente. Não existe ciclo de crescimento sem pontos de instabilidade.

O caminho da tortura

Você sente que está esgotado mesmo sem ter dado o primeiro passo. Eu chamo essa dinâmica de "o caminho da tortura". Ela é tóxica e interfere em nossas atitudes e nossos comportamentos, tornando-os disfuncionais e negativos. Esse caminho pode ser dividido em seis partes:

1. Você não acredita em si mesmo;
2. Você não acredita que tenha um porquê legítimo para fazer o que faz;
3. Você não acredita que tenha condições de desenvolver uma comunicação persuasiva para vender e se relacionar com as pessoas;
4. Você não acredita na própria capacidade de evoluir, estudar e se aprimorar para reinventar seu negócio a cada momento;
5. Você não acredita no seu negócio;
6. Seu cliente percebe isso na sua comunicação confusa e, assim, você não vende.

Os sentimentos negativos[14] e de menos valia impedem que você explore o potencial de seu negócio, e essa é a primeira barreira para testar novos caminhos, corrigir rotas e reinventar a trajetória. Você sente que quebra a perna logo no primeiro tropeço. A invalidação causa frustração e a frequência desse sentimento na sua rotina é como assistir todos os dias a sua força se esvair pelo ralo com a água do banho. Um desperdício de vida!

Quem não tem sonhos não gasta tempo em realizá-los. Porém, vive como um zumbi obedecendo a regras ou como uma

---

14 SILVA, M. Z.; ANDRADE, A. L. de. Avaliando pensamentos negativos sobre a carreira: o desenvolvimento de uma medida (EPNC). **P@ PSIC**, 16 dez. 2016. Disponível em: http://pepsic.bvsalud.org/scielo.php?script=sci_arttext&pid=S1679-33902016000200006. Acesso em: 14 nov. 2022.

Você não acredita no que está comunicando para os outros, sua comunicação revela sua insegurança, você parece estar mentindo, e as pessoas, ao perceberem isso, não compram seu produto.

mula frustrada reclamando de tudo, ou seja, o oposto de ter vontade de viver e crer no futuro. Refletir sobre a fé no meu próprio porquê de vida talvez tenha sido responsável por me lembrar da história do Zé Magrinho.

O semeador pelo mundo

Zé Magrinho era o apelido de um amigo de meus pais. Era um homem simples e trabalhava no almoxarifado de uma secretaria pública. Tinha passado, com muito esforço, em um concurso e vivia no limite de suas condições, administrando um salário muito modesto. No entanto, investia quase tudo o que ganhava para salvar o mundo. Você deve estar se perguntando como um homem pode salvar o planeta com tão pouco dinheiro. É iludido ou bobo? Nenhum dos dois. Apenas um homem alegre por estar comprometido com seu chamado no mundo e seu porquê.

Magrinho tinha cerca de 35 anos na época em que ainda se usavam listas telefônicas. Podemos considerar a famosa lista telefônica da década de 1980 como a bisavó do Google; bastava buscar o nome ou o número da pessoa para descobrir seu endereço aproximado.

Com a autoridade de um oráculo, Zé Magrinho abria em uma página aleatória da lista telefônica e escolhia, com a ponta do dedo, o nome de uma pessoa qualquer. Elvira, telefone 12345678, rua Barata Ribeiro. Estava escolhida!

Ideias extraordinárias fazem dinheiro

Em seguida, ele ligava para Elvira e se apresentava como José Ubaldo dos Santos, funcionário público que a sorteou para receber uma muda de canela. Eu sei que você deve estar intrigado. Por que Zé Magrinho juntava todo o seu dinheiro após pagar o aluguel e investia em mudas de ipê, canela, nogueira etc. que seriam doadas a cada semana para um escolhido? Ele tinha um plano delirante, porém apaixonado: fazer do mundo um canteiro de árvores. Seu único pedido à pessoa sorteada era que plantasse a muda.

A mania de jardineiro desse homem ampliou sua área de atuação para além do estado do Rio de Janeiro. Utilizou outras listas telefônicas e escolheu pessoas de todo o território nacional. Ele ia de ônibus do Rio de Janeiro até os rincões gaúchos e recônditos do norte do país. Os desafios econômicos não o impediram de seguir com sua missão. Mas nem tudo foram belas mudas, pois Magrinho também teve que lidar com espinhos. Foi tachado de maluco, perdeu amigos e sua mulher o deixou, mas ele tinha orgulho de dizer que morreria plantando pelo país. E lá foi Magrinho, fazendo vaquinhas, pedindo ajuda de outras pessoas para conseguir entregar mudas e plantar seu sonho no mundo.

José Ubaldo dos Santos desapareceu aos 73 anos em uma viagem para Salvador. Carregava consigo uma muda de pau-brasil para seu Sebastião, o sorteado da vez. Magrinho enfartou no ônibus durante a viagem. Plantou o ponto-final na sua história. Eu me lembro até hoje de quando ele me disse: "O mundo devia ser todo feito de árvores".

Adriana Jorgge

Zé Magrinho tinha língua presa e uma comunicação persuasiva notável, além de um carisma espetacular. Ele acreditava em seu propósito de fazer do mundo um canteiro de árvores.

Observe como a narrativa de Magrinho conta uma vida visionária e suas ideias são até hoje atualíssimas. Ao contar a história dele, é difícil não despertar algum sentimento no leitor. Ele era um defensor do meio ambiente e desenvolveu uma metodologia afetiva e eficaz para alcançar seus objetivos.

Eu conto essa narrativa para inspirar você. Ela se passou quando não existia internet e muito menos a popularização dos jargões do mundo digital. Eu considero essa história um relicário para falar da realização de sonhos. Magrinho não era só um corpo; era um homem repleto de fé.

Perceba que ele criou um senso de receptividade e de reciprocidade notável com as pessoas que conhecia. Todos plantavam as mudas e escreviam cartas, enviando fotos de máquinas analógicas para ele. As cartas recebidas eram uma espécie de "prova social", como chamamos no marketing digital. Ele era um *case* fascinante e exemplar de persuasão e influência com sua narrativa.

Agora, convido você a analisar comigo a potência da personalidade de Magrinho e de sua história. Vamos investigar essa narrativa a partir da pergunta central do círculo dourado de Simon Sinek.

> ❭ **O "porquê" de Zé Magrinho:** Se todos realizarmos uma ação para defender o planeta, poderemos revolucionar a

Ideias extraordinárias fazem dinheiro

maneira como nos comprometemos com o futuro. A única herança valiosa que deixamos para nossos filhos é um planeta melhor do que o que recebemos. Plante uma muda de árvore! Você foi escolhido para ser o jardineiro do futuro.

O storytelling de Magrinho emocionaria as pessoas com a declaração de seu amor pelo planeta, concorda? Quem não se identificaria com valores tão nobres? Quem não aceitaria um convite tão singelo e simples como plantar uma muda de árvore?

Zé Magrinho não precisou de muitos recursos para realizar seu sonho. As pessoas se emocionavam com sua capacidade de inventar estratégias para fazer as mudas chegarem nas mãos delas. Magrinho era um idealista que defendia um assunto de interesse da maioria: salvar o mundo da destruição que o ser humano está causando é responsabilidade de todos.

Mas por que ele mesmo não plantava as mudas? Zé Magrinho poderia plantar as mudas sozinho, é claro. Dessa maneira, economizaria o dinheiro das ligações telefônicas – na época muito caras –, o valor do transporte, da estadia de todos os lugares que visitou, da alimentação e de todos os custos de uma viagem. Porém, ele queria compartilhar seu sonho com outras pessoas e conscientizá-las sobre a preservação do planeta.

Essas pessoas provavelmente nunca teriam a ideia de contribuir com essa causa sem a iniciativa de Zé Magrinho, até então um total desconhecido para elas. E ele próprio também ampliou suas relações ao conhecer pessoas e lugares diferentes. Fez de seu sonho um projeto duradouro e significativo.

O storytelling para o sonho de Magrinho de salvar o planeta já começaria com seu amor pela natureza e pelas pessoas. José Ubaldo dos Santos, um homem com uma causa nobre e uma atitude ingênua de salvar o planeta, conseguiu convencer as pessoas a plantar mudas de árvore. Se Magrinho não conseguiu resolver o problema da crise ambiental, pelo menos espalhou sua mensagem para muitas pessoas. Assim como agora eu estou contando essa história que pode impactar e inspirar você positivamente.

Investigar o porquê de uma pessoa é um poderoso instrumento para avaliar se ela ainda está no caminho certo para realizar o próprio desejo. Muitas vezes é preciso perguntar a si mesmo se suas ações estão alinhadas com seu sonho inicial de abrir um negócio em consonância com sua missão, em equilíbrio com seu propósito na vida ou respeitando seu *porquê* de continuar investindo tempo e dinheiro em seus planos profissionais.

Em certas ocasiões, uma crise emocional na sua vida ou até mesmo uma crise econômica no mundo pode reprimir seu porquê, forçando-o a se adaptar de tal modo que o transforme em algo que você não reconhece mais.

Verificar se você está sendo leal ao seu *porquê* lhe dará forças para superar os obstáculos inerentes a toda jornada que promete sucesso. Não se acanhe de fazer um memorial de suas vitórias profissionais e da sua satisfação pessoal, e não deixe de se perguntar se o seu *porquê* de fazer o que faz também está sendo respeitado.

Ideias extraordinárias fazem dinheiro

Para ilustrar este assunto, vou falar brevemente sobre uma situação de tomada de decisão comum aos proprietários de restaurantes orgânicos. Caso o proprietário seja forçado a parar de vender alimentação 100% sustentável no seu estabelecimento devido ao alto valor dos insumos e passar a oferecer uma alimentação que não é 100% orgânica, violando seu *porquê inicial* de ter criado o restaurante, ele deve se perguntar se está valendo a pena essa decisão.

Investigar sua satisfação profissional com seu *porquê* de fazer o que você faz o ajudará a manter a motivação e a paixão pelo seu negócio. Um *porquê* que se mantém sendo respeitado resultará em uma história íntegra que servirá de *case* de sucesso para outros empreendedores.

Pergunte-se sempre: *Estou sendo fiel ao meu porquê para este negócio? A história do meu negócio continua alicerçada na minha paixão de fazer o que faço? Ou, ao adaptar algumas especificidades do meu negócio para que ele resista às dificuldades financeiras, estou desistindo do meu porquê?*

Assumir seus talentos e seguir seu sonho é também defender o seu *porquê*, seja nas escolhas de sua vida, seu negócio, serviço ou projeto. Ser fiel ao seu *porquê* sem dúvida é uma boa causa, como a de Zé Magrinho, para se comprometer nessa existência. Outro bom exemplo sobre o caminho que você está trilhando e a coerência com seu *porquê* de fazer o que faz é a história de Ceminha.

Sempre há tempo de voltar para onde o coração bate com mais intensidade, pois é lá que mora o seu porquê.

Adriana Jorgge

A escolha de Ceminha

Quando eu tinha uns 9 anos, idealizava me casar como uma princesa dos contos de fadas e viver feliz para sempre. Estou falando de vestido comprido, véu, bolo de três andares, buquê, sapato alto e chuva de arroz. Exatamente como o último capítulo das novelas. Eu e minhas coleguinhas acreditávamos nisso. Até eu conhecer Ceminha, amiga de infância de minha mãe.

Ceminha passou muito tempo fora do Brasil e estava no Rio de Janeiro apenas para se casar com Eugênio Rio Branco Alcântara Junior. Era um sábado à tarde e minha mãe estava fazendo um penteado esquisito para ir ao tal casamento. A campainha tocou. Eu abri a porta e dei de cara com uma noiva chorando com um arranjo torto caindo da cabeça e os olhos esbugalhados manchados de rímel. Parecia a cara das minhas bonecas rabiscadas de canetinha colorida. Levei um susto.

"Glória, eu não vou conseguir", Ceminha desabou no sofá da nossa sala. Aquele vestido de rainha, uma robusta sobreposição de tecido e renda, naquela mulher soluçante, parecia um embrulho de presente amassado.

Ela mentiu para a mãe que iria ao banheiro e fugiu pelos fundos do Coiffeur em Copacabana, levando somente dinheiro e documentos. Estávamos na sala eu, minha mãe e Ceminha. Ela dizia: "Eu quero escolher, eu quero escolher o que é melhor para mim...". Ali descobri que uma princesa nem sempre pode escolher o que é melhor para si. Minha mãe mandou eu ficar no quarto

Para ser uma contadora de histórias, é preciso gostar de ouvir histórias.

Adriana Jorgge

> Sempre há tempo de voltar para onde o coração bate com mais intensidade, pois é lá que mora o seu porquê.

porque aquilo era assunto de adulto. Mas claro que eu deixei a porta entreaberta para ouvir tudo.

Mas por que Ceminha não queria se casar? Será que ela não gostava do noivo? Será que tinha descoberto algo sobre ele? Às vezes, no último capítulo das novelas, isso também acontecia. Minha mãe serviu água com açúcar para ela. Em pouco tempo, o som alto do choro vindo da sala virou sussurros, poucas palavras e um silêncio apaziguador. Da frestinha da porta, vi que Ceminha estava com a cabeça no colo de minha mãe e entendi que toda princesa precisa mais de uma amiga do que de uma fada-madrinha prometendo mundos e fundos para ela ir ao baile. Depois ouvi movimentos de abrir e fechar o portão lá de casa e pronto. Vida real que segue.

Anos depois eu tive condições de entender o que significou a fala angustiada de Ceminha. Ela tinha o desejo de ser voluntária nas zonas de conflito internacional; queria ser diplomata. O noivo era de família conservadora e os pais dele já tinham traçado outros planos para o futuro do casal, e também estavam planejando, passo a passo, a vida dos futuros netos.

Ceminha até gostava de Juninho, apelido de Eugênio, e pensou que, se um dia se casasse, seria com ele. Porém, não naquele momento. O medo do que os outros achariam, a preocupação de fazer o melhor para todos e principalmente corresponder ao

Ideias extraordinárias fazem dinheiro

que as pessoas de sua família esperavam dela a fez chegar aonde chegou. Para ser exata, Ceminha chegou à rua Prof. Lafaiete Cortes na Tijuca, casa de minha mãe, com o arranjo torto na cabeça e aqueles olhos de jabuticaba manchados de tanto chorar.

Ela deu uns telefonemas, pediu uma roupa emprestada para minha mãe, chamou um táxi e foi para o sítio afastado de uma prima.

Você que gosta de histórias de amor com final feliz pode querer saber o que essa narrativa reserva de romântico. Nada. Nadinha. Ceminha, aos 23 anos, tinha um porquê definido para sua vida profissional, porém era controlada por vontades externas. A moça que sempre quis agradar aos outros e evitar decepções para a família teve que assumir seu porquê na vida, mesmo contrariando algumas pessoas.

Não soubemos o que aconteceu com a festa, o que o padre falou, o que aconteceu com Eugênio, com os pais do Eugênio, com o bolo nem com os oitocentos convidados. E muito menos o que aconteceu com os presentes. Nem sobre a jarra de cristal que minha mãe parcelou nas Americanas. Nunca soubemos de nada.

Mas por que Ceminha foi lá para a casa de minha mãe em um momento tão decisivo como esse? Porque Glória, minha mãe, era uma mulher que gostava de contar histórias para mim. Ela saía pela rua comentando o que havia de mais ordinário no cotidiano e o extraordinário nos mistérios da vida, sempre fazendo-me refletir sobre o comportamento humano. Falava sobre o imponderável, o contraditório e a coragem. Em algumas situações, ela me dizia "Escolha, Ceminha, escolha..." quando ela queria que eu percebesse que, na vida, para conquistar algumas coisas, eu teria que olhar para dentro de mim e tomar decisões. Algumas delas seriam muito difíceis. Mas às vezes ela me dizia, sorrindo: "Escolha, Ceminha, escolha". Hoje, eu compreendo melhor minha mãe.

Ela gostava de gente. Era uma boa escutadora de histórias; foi sempre procurada para dar conselhos, mediar conflitos e ajudar em decisões. Assim, desse jeito mesmo que estou descrevendo, de segunda a segunda, em dia de casamento também.

Para ser uma contadora de histórias, é preciso gostar de ouvir histórias.

Ceminha correu o risco de passar a vida inteira no anonimato, à deriva, na sombra da decisão de outras pessoas. Entretanto, acreditou que não poderia mais viver sendo controlada pelos desejos alheios. Zé Magrinho acreditava que tinha uma missão, reconheceu seu chamado como algo valioso a que dedicar a vida e, apesar dos desafios, viveu para realizar seu sonho.

Ceminha não suportou mais atender às expectativas alheias, moldando-se para ser aceita e abaixando a cabeça para tudo, na ilusão de ser amada. Ela tomou uma decisão. Aquele evento do casamento tocou o alarme em seu coração e ela não pôde mais pagar pelos planos de felicidade dos outros. Estava na hora de escolher, e assim o fez.

Saia dessa posição de subserviência, de autorizar seus pensamentos invalidantes.

Ideias extraordinárias fazem dinheiro

Tudo está em você, basta se lembrar

Vou ajudá-lo a descobrir seu porquê, conscientizar-se do valor de suas experiências e desenvolver muitas técnicas para criar um storytelling pessoal ou do seu negócio, compilando todo esse material em uma palestra, atendimento, venda de produto ou no decolar da sua empresa. A partir dos próximos capítulos, vamos descobrir o ponto de virada da sua vida. Vou mostrar a você como se faz um Storytelling Bombástico, valorizando os desafios que você já viveu e transformando-os em pérolas, como no *case* que apresentarei em breve.

Se estiver pensando em realizar mudanças na vida ou na carreira, venha comigo! Vou orientá-lo a descobrir seu propósito profissional e a vender mais. Se quiser escrever um livro sobre sua história ou a história do seu serviço e mentorias, vou inspirá-lo com outro *case*. Ao longo da próxima páginas, vamos conhecer outras pessoas que, assim como você, queriam fazer um Storytelling Bombástico – e conseguiram!

Eu não vejo a hora de começarmos a botar tudo em prática. Vamos lá?

CAPÍTULO 5

Tem alguém aí dentro?

Ideias extraordinárias fazem dinheiro

Você ouve o barulho dos cabos de aço do elevador. Percebe um movimento vindo de fora, como se alguém estivesse tentando abrir a porta. *Seria bom demais para ser verdade*. Você sente uma vontade estranha de fazer coisas que sempre quis. Vontade de ligar para alguém e falar tudo, declarar o que sente, revelar o que pensa. Tudo ficou urgente. Você só quer sair desse elevador.

O tempo que passou dentro do cubículo intensificou suas memórias. Você se lembra daquela pessoa que sempre admirou por ser corajosa. Você tem um insight: *Conheço muitas pessoas corajosas e aprendo com as histórias de vida delas. Eu sou o resultado de cada narrativa que ouvi.*

Você escuta a voz de um homem perguntando: "Tem alguém aí dentro do elevador?". E responde: "Tem! Eu tô aqui dentro. Eu tô preso".

Por que tem esperado tanto tempo para pedir ajuda às pessoas, para se ajudar ou para mudar algo na sua vida? Você bate contra a porta do elevador e uma rajada de energia o arrepia dos pés à cabeça. Você se sente vivo! *Acabou o suplício nesta caixa de lata.*

Quando sair, você vai contar para todo mundo o que lhe aconteceu. Você vai escrever essa história. Mas qual é a história? A história tola de alguém que perdeu o dia ficando preso no elevador? Ou de alguém que ficou preso no elevador com a própria companhia e aproveitou cada minuto? Só cabe a você escolher qual versão será contada.

O método do Storytelling Bombástico

A palavra "método" provém do termo grego *methodos*, que significa "caminho" e refere-se ao meio utilizado para se chegar a um fim. Esse método foi pesquisado durante minha trajetória profissional e acadêmica de aproximadamente trinta anos e validado por muitas pessoas em atendimentos no Brasil e no exterior. Portanto, sendo eu uma pessoa apaixonada por histórias, vou acompanhá-lo nessa jornada de autoconhecimento e descoberta da sua voz narradora e do seu lugar de enunciação persuasiva e poderosa.

Ideias extraordinárias fazem dinheiro

O método do Storytelling Bombástico que criei vai desenvolver habilidades essenciais para você contar histórias valiosas e vender mais. Primeiro, vou lhe mostrar como a analisar os enigmas que uma história carrega, percebendo que alguns mistérios capturam a curiosidade da audiência, para que possa fazer isso quando necessário. Depois, vou apresentar a importância das emoções dentro de uma história e como você poderá estruturá-las para tornar sua comunicação persuasiva. Você também descobrirá quais são as potências e os superpoderes que lhe pertencem desde a infância, mesmo que ainda não os conheça.

O método Storytelling Bombástico se divide em cinco estágios:

❭ 1º estágio – **Mapa do Ponto de Virada**: A partir dele, você vai entender a importância das perdas e dos fracassos para construir suas pérolas e aprender a estruturá-las em uma narrativa.

❭ 2º estágio – **A Jornada do Narrador Poderoso**: Você vai trilhar a jornada de evolução de seu negócio e sua transformação pessoal comunicando-se de maneira assertiva e poderosa.

❭ 3º estágio – **A história cifrada**: Combustível para provocar a curiosidade de sua audiência e capturar a atenção dela.

❭ 4º estágio – **O poder da emoção**: Compreender o papel das emoções em uma narrativa persuasiva.

❭ 5º estágio – **Storytelling-Embrião**: Descobrir os superpoderes ou as potências inatas que você carrega desde a infância e aprender a aproveitá-las na vida adulta.

Dica importante: O ideal é que você tenha um caderno ou um bloco de anotações por perto somente para esse fim. Use-o como um diário. Será incrível! Esse caderno se tornará um companheiro de jornada, um cajado, um lume no seu caminho. Posso garantir que, no final do nosso percurso, você terá muito mais do que anotações de exercícios. As página serão um primeiro passo em direção ao autoconhecimento e definirão como você vai contar sua história. E, quem sabe, ajude-o até a tomar coragem para escrever seu livro. Registre! Escreva tudo!

E lembre-se de que o QR Code com a gravação de todos os exercícios propostos neste livro está disponível para você.

Mapa do Ponto de Virada

Na Consultoria em Storytelling, eu faço uso do Mapa do Ponto de Virada, um procedimento que criei para ajudar o cliente a entender a riqueza da própria história e o valor de suas experiências. O mapa ajudará você a contar sua trajetória, sem excluir os episódios de fracassos ou de perdas que trouxeram amadurecimento e se tornaram pérolas de aprendizado.

Mas como contar os fracassos sem tornar sua palestra, apresentação ou venda muito dramática? Como contar sua história sendo honesto e autêntico, assumindo as perdas que obtive e identificando as pérolas de aprendizado? Você sabe que as vitórias alcançadas na vida profissional influenciarão sua vida pessoal e vice-versa, pois tudo está em constante movimento, criando novos desafios.

Ideias extraordinárias fazem dinheiro

As perdas e ganhos de Paula Carvalho

Vamos entender o Mapa do Ponto de Virada com o *case* de Paula Carvalho (nome fictício), 42 anos, casada, mãe de gêmeos e vendedora em uma empresa de tecnologia. Ela vinha se destacando e, depois de muita dedicação, conquistou uma promoção para o cargo de gerência. A partir dessa conquista, a vida de Paula mudou completamente. Observe a ilustração que mostra a interdependência entre as conquistas profissionais e as pessoais de Paula.

Conquista **profissional**:

Paula foi promovida e reconhecida.

Conquista **pessoal**:

Paula se tornou uma pessoa confiante.

Agora eu o convido a fazer, passo a passo, seu Mapa do Ponto de Virada. Vamos começar pela etapa mais simples. Selecione suas principais vitórias, conquistas e ganhos na vida profissional e na pessoal e observe como uma influencia positivamente a outra. Liste cada ganho no seu caderno ou no QR Code disponível para você.

Toda conquista causa uma mudança e cria novos desafios

Paula foi promovida e se tornou uma pessoa confiante e uma referência de sucesso na empresa. Essa conquista também desencadeou outras responsabilidades e novas expectativas de resultados dentro da equipe que ela agora liderava. Paula passou a viajar para fora de seu estado, e isso alterou a rotina com os filhos adolescentes e o companheiro. Ela se destacou por sua alta performance, e a presença dela passou a ser mais desejada em eventos. Consequentemente, ela perdeu seu turno livre em casa e teve que enfrentar novos desafios, como a falta de tempo para conviver com a família.

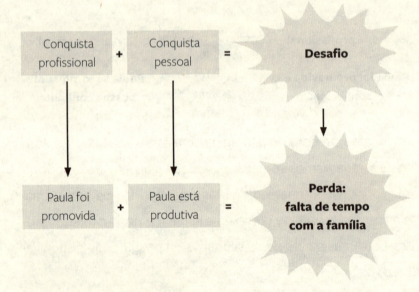

Ou seja, como resultado das conquistas na vida pessoal e profissional você também poderá sofrer mudanças que o levarão a alguma perda e ao surgimento de novos desafios. *Como assim, Adriana?*, você deve estar se perguntando, desapontado. Mas vamos examinar isso com mais cuidado a seguir.

Ideias extraordinárias fazem dinheiro

Como entender as perdas na sua história?

Um ganho ou uma conquista na vida sempre gera uma mudança, e isso acarretará alguma perda de estabilidade e o aparecimento de novos desafios. Portanto, os desafios são responsáveis por tirarem você da zona de conforto e da estabilidade anterior. Mas você pode indagar: *E quando os desafios causam perdas significativas na nossa vida? Eles devem ser considerados na hora de contar uma história? As perdas são, em alguma medida, ganhos também? Quando as perdas se tornam um ganho no nosso repertório de experiências de vida? Como devo contar uma perda ou fracasso em um storytelling de palestra, venda ou entrevista de emprego?*

Calma, respire! Vamos analisar isso com mais profundidade. O pulo do gato é agora: essas histórias de fracassos, perdas e superações, frutos de suas experiências, são preciosas e podem ajudar na transformação de muitas pessoas. Geralmente, botamos os fracassos debaixo do tapete. Mas agora é hora de limpar essa sujeira e ressignificá-la com o status que merece: o ponto de virada na sua história.

Escreva em seu caderno sua perda de estabilidade, consequência de você ter conquistado ganhos na vida profissional e na pessoal. Essa perda não é, de maneira alguma, insuperável. Ela será sua aliada na trajetória de vida. Mas cuidado com os pensamentos invalidantes; eles estão de volta para confundi-lo.

Cuidado!

Paula estava diante de um dilema. Era uma situação inédita para ela. Não tinha mais tempo para ficar com a família e assistia à vida desmoronar em sentimento de culpa e incompetência de gerir a casa. Ela se deprimiu e chegou a amaldiçoar a promoção e o reconhecimento que teve no trabalho. Seus pensamentos invalidantes vieram à tona, dizendo que ela era incapaz de trabalhar e cuidar da família com o equilíbrio necessário. *Paula, você é uma farsa.*

Você também poderá travar ou querer desistir no meio do caminho, achando que as perdas e os novos desafios são insuperáveis e, portanto, devem ser o ponto-final de sua história. Você poderá ser atacado por seus pensamentos invalidantes e acreditar neles – e é aí que mora todo o perigo. Paula passou por isso durante um mês e chegou a adoecer.

É muito importante que você faça uso da capacidade de investigar a real natureza de seus problemas e lembrar-se das vezes que venceu situações parecidas. *Mas, Adriana, quando eu sofro uma perda de estabilidade, ela é sempre diferente da anterior e por isso nunca sei o que fazer.* Ok, eu posso até concordar, mas a pessoa que está passando pelos desafios é você, a mesma pessoa. Alguma coisa você já aprendeu e pode colocar em prática, certo?

Você precisa se recordar de como superou situações parecidas no passado e perceber que tem experiências registradas na sua mente. Temos a tendência de achar que estamos encurralados na

Ideias extraordinárias fazem dinheiro

situação mais terrível de nossa vida – até que consigamos superá-la de alguma maneira ou surgir outra "mais terrível ainda".

Paula se lembrou da habilidade que tinha para organizar os trabalhos de grupo na escola. Sua liderança era reconhecida pelos colegas. Ela conseguia organizar a divisão de tarefas de modo satisfatório para todos e ninguém se sentia injustiçado ou explorado. Além do fato de que, anteriormente, Paula fora vendedora e já lhe era exigido que mediasse conflitos na equipe. Portanto, ela tinha alguma experiência no campo profissional e habilidades desde jovem com a comunicação persuasiva e a liderança. Somente era preciso reconhecer seu poder e não se desesperar.

Contudo, os pensamentos invalidantes a torturaram na parte mais frágil de suas preocupações: a felicidade de sua família. E isso ecoou na sua mente como ameaças: *Você vai destruir sua família, você não devia ter aceitado essa promoção*. Por isso, na minha Consultoria em Storytelling, faço o cliente mergulhar nas experiências anteriores de sucesso para dissolver a crença trágica de que as pessoas que triunfam sofrerão, cedo ou tarde, uma punição do universo. Era necessário que Paula reconhecesse que já tinha enfrentado outros desafios e perdas na vida, mas continuava inteira. Portanto, conseguiria atravessar esse desafio também. Lembrar-se de suas vitórias anteriores é como fincar uma espada no coração dos pensamentos invalidantes. Tenha coragem de recordar histórias de valentia!

Suas experiências bem-sucedidas do passado lhe conferem autoridade no assunto. Por menor que seja a vitória, você venceu!

Adriana Jorgge

Na minha Consultoria em Storytelling, oriento meu cliente a contar para si mesmo essas narrativas bem-sucedidas passadas, pois é preciso que ele reconte, caso tenha esquecido, ou reconheça a própria história de coragem e de vitórias.

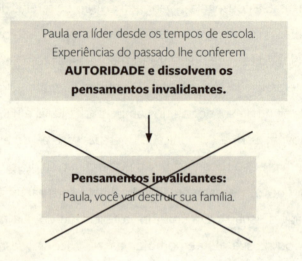

As perdas produzem pérolas de aprendizado

Vamos fazer uma analogia usando a força da natureza. Por vezes, um grão de areia invade o corpo de uma ostra, causando irritação. E, como defesa, a ostra libera uma substância que envolve o grão de areia, transformando-o em uma pérola. Em outras palavras, as perdas que sofrera na vida lhe causaram dor, e os pensamentos invalidantes de plantão lhe disseram que estava tudo acabado. No entanto, o poder de sua memória resgatou as experiências bem-sucedidas e ressignificou cada perda em uma pérola de aprendizado e autoridade.

Ideias extraordinárias fazem dinheiro

Seja ostra e dedique-se a fazer a joia mais valiosa da sua vida todos os dias: a realização do seu sonho.

Ao reconhecer experiências passadas e vitórias, Paula percebeu que também tinha em seu interior pérolas de aprendizado. E você? Quais são suas pérolas de aprendizado? Como elas podem ajudá-lo a combater a descrença de si mesmo e de seu negócio? Liste todas elas em seu caderno ou use o QR Code e reflita como elas podem ajudá-lo diretamente.

E qual foi a pérola de Paula? Ela descobriu que tinha capacidade de dialogar com seu companheiro sobre a importância de ser uma mulher realizada profissionalmente com a promoção que conquistara. Inclusive, a promoção seria o primeiro degrau de uma carreira promissora, o que seria benéfico para toda a família. Compartilhar suas inseguranças e aceitar a colaboração de todos em casa foi o ponto de libertação para Paula. Foi preciso encontrar, com seu companheiro, o apoio e os meios seguros de reorganizar a rotina dos filhos adolescentes durante sua ausência. Ela aprendeu a delegar a tarefa de administrar a casa e criar tempos de descanso para não adoecer.

O ponto de virada

Diante de um novo problema, você precisa reconhecer sua pérola de aprendizado para se preparar para o ponto de virada na sua vida. E como isso acontece?

> Seja ostra e dedique-se a fazer a joia mais valiosa da sua vida todos os dias: a realização do seu sonho.

O ponto de virada é quando você faz sua pérola de aprendizado atuar no combate contra as descrenças que tem em si mesmo e no seu negócio, transformando tudo em uma **ação eficiente**. Frequentemente é algo novo, no qual você nunca tinha pensado. Muitas vezes, é simples. O que nunca deixa de ser é uma tomada de decisão que o comprometerá de corpo e alma.

O ponto de virada transforma o medo e a procrastinação em uma ação eficiente a favor da sua realização.

Na prática, Paula aprendeu a pedir ajuda a outras pessoas além de seu núcleo familiar, ampliando sua rede de contatos e de convivência. Paula negociou com seu companheiro a reorganização dos horários dele para executar as tarefas de casa e, dessa maneira, também pôde descansar e conviver com a família.

Sua pérola pode ajudar você a resolver a falta de confiança na própria competência de solucionar problemas, buscar parcerias ou apoio. Em alguns casos, ela poderá ajudar a reverter uma situação abusiva ou injusta porque, munido de todo o seu aprendizado, você se sente mais seguro para estabelecer limites. O sucesso alcançado no passado é uma evidência de que você sabe fazer o que precisa e tem capacidade para aprender a fazer melhor ainda, seja na sua vida pessoal, seja no seu negócio. **O poder está em você.**

Agora é sua vez. Quais são as vitórias do passado que podem ajudá-lo a nocautear os pensamentos invalidantes de hoje? E quais são suas pérolas? E qual é a ação eficiente que você vai fazer

Ideias extraordinárias fazem dinheiro

para resolver seu problema? Qual é seu ponto de virada? Registre tudo no seu caderno ou acesse o QR Code.

O ponto de virada de Juliana

Conheci Juliana Ferrari,[15] uma mulher de 42 anos, quando ela enfrentava uma crise profunda de transição de carreira. Vinda de uma trajetória acadêmica no campo das artes, ela se via insatisfeita com a falta de liberdade financeira provocada pelas dificuldades no setor e, portanto, optou por uma formação terapêutica, convencional, psicanalítica.

Desde o primeiro encontro eu enxergava possibilidades profissionais em um horizonte mais amplo do que os que ela conseguia visualizar. Muitas vezes, Juliana não acreditou no que eu vislumbrava, mas sua confiança depositada no método que desenvolvi foi tão grande que nos possibilitou trabalhar. Então, ela começou a arriscar nas estratégias de storytelling que eu sugeria.

Propus que fizéssemos uma Consultoria de Storytelling para o desenvolvimento de sua marca Kahina. Solicitei que ela gravasse alguns áudios contando sua vida pregressa até chegar ao ponto de ser Juliana Ferrari, Kahina, mentora psíquica reconhecida na sua área de atuação, com uma clientela com mais de 5 mil atendimentos e resultados consistentes de transformação de vidas.

---

15 Juliana Ferrari é o nome real da cliente deste *case*.

Adriana Jorgge

Os áudios resultaram em duas horas de depoimentos que a emocionaram, porque, a partir daquele momento, Juliana começou a perceber como todos os pontos da sua vida a haviam levado até ali. É o que chamo no meu método de costurar os fios soltos e trançar a sua história. Posteriormente, apliquei todo o Mapa do Ponto de Virada em sua trajetória.

Recordar os episódios da sua vida é costurar os fios soltos e trançar a sua história.

Abandonar a carreira de professora universitária, socialmente legitimada, era o ponto-chave para que ela conseguisse outro trabalho com mais reconhecimento e liberdade financeira. Ela era professora de Teoria das Artes Cênicas, diretora com vários prêmios importantes na área, e se sentia frustrada, em parte, por não seguir esse caminho.

Porém, a partir da entrevista que fiz, ela compreendeu a dimensão artística do seu trabalho espiritual, e a estimulei a pensar em ocupar o devido lugar de merecimento que a vida lhe oferecia. Aceitar o chamado de sua verdadeira jornada.

Depois disso, orientei outras questões com Juliana, como storytelling de produtos, para ajustar sua esteira de ofertas, e até correções na sua tabela de precificação.

De acordo a formação intelectual do século XX de Juliana, valoriza-se o profissional que atua em uma coisa ou em outra. Áreas definidas, porém, incomunicáveis. É justamente onde a

> Recordar os episódios da sua vida é costurar os fios soltos e trançar a sua história.

Ideias extraordinárias fazem dinheiro

formação da graduação muitas vezes engessa a pluralidade das escolhas de vida.

Ao contrário da visão engessada da academia, auxiliei Juliana a assumir seu misto de talentos e competências. Eu tinha confiança em sua história. Usando esse misto de competências, ela já havia ajudado milhares de pessoas nos últimos anos, então por que não aprofundar e se comprometer mais com seus múltiplos talentos? Ela só precisava assumir no próprio storytelling que era uma especialista em relacionamentos, espiritualista, sensitiva, terapeuta, magista, artista e pensadora teórica. Ou seja, uma mentora psíquica.

Meu último trabalho com ela foi a orientação para a escrita de um livro, e tenho convicção de que será uma obra de conhecimentos valiosos e inéditos. Após ela ter assumido seu Storytelling Bombástico, percebo a intensidade de seu posicionamento nas redes. É um prazer revigorante.

E você que estava preso no elevador? Percebe que todos os pontos de sua vida misteriosamente fazem mais sentido agora, depois que saiu de lá? Você não estava sozinho nesse tempo todo de confinamento e percebe que uma confiança silenciosa estava fazendo-lhe companhia. Você se sente leve e em paz. E esse silêncio interno lhe pergunta: "O que aconteceria na sua vida se você realizasse seu maior desejo?".

Neste ponto da leitura, peço que você mergulhe mais fundo comigo. E, com sinceridade, faça o seguinte exercício e registre o resultado.

Exercício: seu real desejo e os obstáculos imaginários

Agora relaxe, respire, procure um lugar tranquilo em que não corra o risco de ser interrompido e responda:

1. O que você mais gostaria nesta vida? Qual é seu desejo/sonho?
2. Se você conseguisse realizar esse desejo, em que aspectos sua vida mudaria?
3. O que de bom poderia acontecer na sua vida depois de realizar esse desejo?
4. O que de ruim poderia acontecer na sua vida depois de realizar esse desejo?
5. Quem permaneceria ao seu lado depois de realizar esse desejo?
6. Quem se afastaria se você realizasse esse desejo?

Agora avalie com muita sinceridade e responda:

7. Quem vai se beneficiar quando você alcançar seu desejo?

Note que sua realização pode impactar positivamente muitas pessoas que você ama. Nós somos como uma rede de comunicação dentro de uma aldeia. Somos uma teia bem traçada de histórias interligadas e interdependentes. Ao modificarmos nossa trajetória, podemos induzir ou causar mudanças na vida de outras pessoas. Este exercício não é somente sobre você, e sim sobre você e suas relações.

Lembrar-se de suas vitórias anteriores é como fincar uma espada no coração dos pensamentos invalidantes. Tenha coragem de recordar histórias de valentia!

Adriana Jorgge

O que e com quem você teria que romper para realizar esse desejo?

Perceba que suas definições na vida podem também afetar as pessoas ao seu redor, e você terá, cedo ou tarde, que decidir se quer estar ou não ao lado das pessoas que o apoiam em seus propósitos e são respeitosas com suas escolhas de vida. No entanto, isso poderá fazer você desistir de seus sonhos.

Após responder às perguntas, ouça seus pensamentos. Fique um tempo com o que lhe vem à cabeça. O que sente no seu corpo enquanto escreve e pensa sobre suas respostas? Não julgue. Não existe certo ou errado. Apenas concentre-se em si. Como você está? Tenso ou cansado? Você está ansioso, irrequieto? Respire, relaxe. Permaneça nas sensações e nos sentimentos. Está tudo bem. Fique aqui onde você está com suas respostas. Em seguida, pergunte-se com sinceridade. É um exercício só seu, sigiloso.

Repito: o que e com quem você teria que romper para realizar esse desejo?

Caso tenha dúvidas, observe o exemplo de Fernando Cantagalo:

Aponte o celular e acesse o QrCode ao lado.

Ideias extraordinárias fazem dinheiro

Com os amigos de Fernando, quem precisa de inimigos?

Fernando Cantagalo, 42 anos, advogado, separado e sem filhos, deu as seguintes respostas:

1. **O que você mais gostaria nesta vida? Qual é seu desejo/sonho?**

   Pedir demissão e trabalhar como locutor profissional e comunicador.

2. **Se você conseguisse realizar esse desejo, em que sua vida mudaria?**

   Eu lançaria meu podcast.

3. **O que de bom poderia acontecer na sua vida depois de realizar esse desejo?**

   Eu mudaria de cidade, pois posso trabalhar no meu podcast em qualquer lugar do mundo.

4. **O que de ruim poderia acontecer na sua vida depois de realizar esse desejo?**

   Reduzir meus custos e deixar alguns de meus hobbies até me estabilizar como empreendedor.

5. **Quem permaneceria ao seu lado depois de realizar esse desejo?**

   Novos amigos.

6. **Quem se afastaria se você realizasse esse desejo?**

   Meus colegas de trabalho, com que passo a maior parte do tempo. Eu preciso me livrar deles.

7. **Quem vai se beneficiar quando você alcançar seu desejo?**

Meus seguidores que terão acesso a um conteúdo inovador e disruptivo sobre liderança, advocacia e comunicação.

8. **Com o que ou quem você teria que romper para realizar esse desejo?**

Com as crenças limitantes do meu ambiente de trabalho. Meus colegas são céticos em relação à minha mudança de carreira e aos projetos que tenho para ser bem-sucedido como locutor e criador do meu podcast.

Fernando estava convicto de que era o momento certo para fazer a transição de carreira, mas ainda sofria com alguns receios que obstruíam a capacidade de decidir, e por isso ele procrastinava. Apesar de não concordar com o pensamento de seus colegas sobre a impossibilidade de ascensão em uma carreira de comunicador, sentia-se contaminado por essas ideias. Todas as vezes que pensava em lançar seu podcast "Fala, Doutor!", especializado em liderança, advocacia e comunicação, era atravessado por um desânimo avassalador e caía no sono.

Mas como os pensamentos invalidantes dos amigos de Fernando poderiam destruir sua vontade genuína? Comecei minha Consultoria em Storytelling com ele e pedi que Fernando gravasse pelo menos dez áudios, de aproximadamente dois minutos cada, sobre os medos de se dedicar unicamente à carreira de locutor e comunicador. Ele confiou no método e realizou o

Ideias extraordinárias fazem dinheiro

exercício. Depois que Fernando escutou sua voz nas gravações por quase meia hora, chegou à conclusão de que a ladainha era nauseante. E pior: lembrava muito a sua mãe advertindo-o sobre as consequências de um passo mal dado.

Foi uma sessão emocionante, pois muitas imagens, sensações e recordações da infância vieram como uma cascata na mente de Fernando. Ter reconhecido na própria voz a reprodução de uma antiga insegurança da mãe foi impactante e revelou o que de fato estava pressionando-o emocionalmente. Embora sua mãe tivesse falecido havia cinco anos, ele estava impregnado daquelas objeções que comandavam suas decisões.

Ele precisava romper com o padrão de pensamento da mãe e com a opinião dos colegas de trabalho, que eram como uma representação atualizada das crenças maternas. Após ter vivenciado o exercício da Jornada do Narrador Poderoso (o qual você encontrará logo mais), ele reconheceu ser grato à mãe, assumiu sua vontade de ser um comunicador e se responsabilizou pelas escolhas de sua vida adulta. Concluindo este *case*, posso dizer que, no storytelling de Fernando, a questão central estava na resposta da seguinte pergunta: "Com o que ou quem você teria que romper para realizar esse desejo?".

O que mais o incomodava no discurso de seus colegas era o receio de sua mãe, o medo da pobreza e a indefinição na vida profissional.

O ponto de virada no *case* de Fernando foi quando ele entendeu que era necessário investigar o excesso de cautela de sua mãe nas escolhas de vida. A mãe dele desejou para o filho um destino seguro em uma carreira reconhecida devido à insegurança econômica que viveu. Fernando só conhecia a insegurança e a limitação no comportamento da mãe, mas eu, percebendo isso, pedi que ele fizesse uma lista de conquistas que a matriarca realizou por ter sido corajosa. Ele se surpreendeu com a quantidade de situações em que ela foi uma protagonista apesar dos obstáculos. A mãe criou Fernando e o irmão sozinha, e ele nunca se esqueceu de que ela jamais desistiu dos dois.

Foi preciso resgatar a coragem no DNA de Fernando, herdado da mãe, para que ele fizesse as pazes com a identidade de uma matriarca forte, que sustentou os filhos com muita bravura, apesar da ausência do pai. Somente assim Fernando pôde se livrar da lembrança amedrontada da infância para seguir sua jornada como adulto.

Foi só com esse exercício de autoconhecimento que Fernando conseguiu finalmente sair do elevador em que estava travado havia anos. E, assim, ele tomou coragem e lançou seu podcast sobre liderança e advocacia em parceria com uma startup de comunicação e geração de conteúdo digital. Reconhecer os aspectos de vulnerabilidade na trajetória de nossos antepassados é ressignificar com um olhar mais generoso a nossa própria história.

Agora é sua vez! Pense em seus pais ou responsáveis e liste as qualidades, virtudes e aspectos corajosos deles em situações difíceis. Talvez você se surpreenda com tanta coragem existente em pequenas decisões diárias, banalizadas pelo desgaste do

Ideias extraordinárias fazem dinheiro

cotidiano. Depois faça uma lista com as coisas que você acredita ter herdado deles. Mergulhe fundo nesse exercício. Ele o ajudará a descobrir as pistas extraordinárias do seu DNA que farão parte de seu Storytelling-Embrião. E guarde essas listas, pois continuaremos o exercício nos próximos capítulos.

CAPÍTULO 6

O bombeiro chegou!

Ideias extraordinárias fazem dinheiro

O bombeiro abre a porta do elevador entre o sexto e o sétimo andar e diz para você aguardar para sair com segurança e evitar acidentes. Você abaixa a cabeça e consegue passar pelo vão da porta. Com o corpo fora do elevador e alguns passos adiante, percebe que agora o tempo e o mundo parecem outros. O que aconteceu com você durante esse período trancado? Você olha para o elevador vazio. Era apenas um elevador antes, mas agora é como se fosse uma parte sua. Você sente saudades dele. Antes de virar as costas e ir embora, aproxima-se e mentalmente se despede daquele espaço. *Adeus, elevador! Eita, que loucura estou fazendo? Estou me despedindo de um elevador?*

Adriana Jorgge

Não se trata de uma insanidade, já quero tranquilizá-lo, mas de perceber que o tempo passado no elevador não foi perdido. Até poderia ter sido se você o tivesse gastado passando o dedo agitado pela tela do celular em busca de algo nas redes sociais ou se distraindo assistindo a vídeos que vão de nada para lugar nenhum. Ao contrário disso, você ficou trancado em um elevador sozinho e usou essa oportunidade para ouvir seu "chamado" de vida.

Mas o que é o "chamado" de vida? É o que um herói ou uma heroína escutam, pressentem, sentem e percebem ter ouvido em vários momentos da própria trajetória. A história dos heróis e heroínas se intensifica quando eles recebem o chamado.

E você? Já ouviu o chamado durante sua jornada de vida?

Sim, o chamado do seu coração para realizar seu sonho! Você pensava que isso só fosse possível com um personagem de ficção, mas, depois de trilhar esses cinco capítulos, percebeu que sua vida é permeada por chamados. E que podemos escutá-los a qualquer momento, até mesmo dentro de um elevador do prédio errado.

O chamado pode acontecer na decisão mais difícil da sua existência ou no encontro mais importante da sua vida. Sim, ao entrar no prédio do "tanto faz" e ficar trancado no elevador entre o sexto e o sétimo andar, você ouviu a urgência do seu coração. Você ouviu o seu chamado.

Já na rua, você enxerga um enorme outdoor divulgando a palestra do livro *Ideias extraordinárias fazem dinheiro* e, em destaque,

Não existe um ponto-final na jornada do herói. Enquanto houver vida, existirá desejo, conflito e movimento.

está a frase "Você tem coragem de se entregar à sua própria história?". E pensa: *Acho que li essa frase em algum lugar.*

A estranha sensação de estar recebendo sinais do universo se intensifica. O normal agora seria você carregar seu celular e correr atrás das demandas do seu dia que foi interrompido. Mas uma surpreendente vontade o toma por completo. Você memoriza o endereço do evento que está no outdoor, pois ainda dá tempo de ir para lá, e atravessa a rua em direção a um ponto de táxi.

Quem é você na Jornada do Herói?

Joseph Campbell (1904-1987) era um mitologista que se apaixonou pela cultura dos indígenas norte-americanos. Ele se tornou um estudioso obsessivo dos mitos que recolheu mundo afora e percebeu que havia alguma coisa em comum na estrutura de todas essas narrativas.

Ele compreendeu a jornada cíclica que compõe os mitos. Uma estrutura encadeada por etapas com desafios em que o herói, ao vencer, amadurece seu caráter altruísta e corajoso. O verdadeiro herói mítico e histórico[16] na Jornada do Herói é uma figura que tem uma missão de caráter humanitária e coletiva.

---

16 Heróis históricos são aqueles seres humanos que fazem parte da História Ocidental e Oriental, como Gandhi, Einstein, Freud, Jung, Mandela, Martin Luther King, Simone de Beauvoir, bell hooks etc.

Ideias extraordinárias fazem dinheiro

Seu livro *O herói de mil faces*[17] analisa a Jornada do Herói[18] nas narrativas e deixa um legado fantástico que até hoje norteia o entendimento do que é um monomito[19] nas histórias e em nossa vida. Vejamos na prática como se apresenta a trajetória de uma heroína ou um herói resumida dentro de uma narrativa e o quanto ela é similar à vida do ser humano. Ou seja, aplicável na minha vida, na sua e na do seu João da padaria da rua ao lado.

Você pode utilizar o exercício a seguir para contar sua história ou a trajetória do seu negócio. Neste capítulo, destacarei apenas seis estágios da Jornada do Herói. Mas sinta-se à vontade para fazer o mesmo exercício com as doze etapas sugeridas na ilustração a seguir.

A Jornada do Herói trata do passar do tempo na vida de uma pessoa. A percepção de início, meio e fim. Começo, desenvolvimento e final. Você nasce, cresce, se desenvolve, envelhece e morre. Uma jornada de vitórias, fracassos e superações em um movimento circular estrutural como metáfora do grande aprendizado que o ser humano vive durante a própria trajetória.

---

17 CAMPBELL, J. **O herói de mil faces**. São Paulo: Pensamento, 1989.

18 CRUZ, L. A Jornada do Herói: estrutura mítica do monomito de Joseph Campbell. **Expert Digital**, 30 mar. 2020. Disponível em: https://expertdigital. net/a-jornada-do-heroi-estrutura-mitica-do-monomito-de-joseph-campbell/#gsc.tab=0. Acesso em: 10 nov. 2022.

19 Monomito é outro nome dado à Jornada do Herói, o conceito de jornada cíclica presente em mitos.

Adriana Jorgge

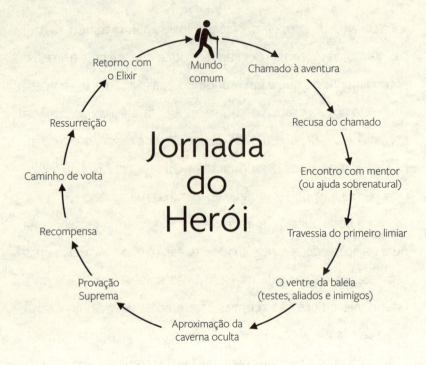

Você é o herói

Segundo Campbell, na estrutura da Jornada do Herói, o personagem precisa conhecer algo maior que sua realidade até então, precisa sair do ninho, abandonar a zona de conforto, trilhar o caminho, construir a trajetória para alcançar seu sonho, atingir seu desejo, realizar sua missão e cumprir com seu propósito. O herói sabe que vai amadurecer durante a jornada, e precisará de aliados e mestres para isso. O caminho apresentará muitos obstáculos, pistas falsas e armadilhas. O herói contará com a capacidade de escutar a si mesmo.

Ideias extraordinárias fazem dinheiro

Vou exemplificar a Jornada do Herói com trechos das histórias e de *cases* apresentados anteriormente neste livro. Fique de olho nas dicas de ouro para aplicá-las à sua vida. Vamos lá?

A Jornada do Narrador Poderoso

O chamado

🚶 *O herói recebe um chamado para agir e se aventurar em novos caminhos.*

O herói da narrativa mitológica muitas vezes já recebeu uma profecia desde o nascimento e sabe que está fadado a ouvir o chamado e segui-lo para cumprir com sua missão. Exemplos de heróis: Hércules, Rei Arthur, Buda, Joana d'Arc etc. Nesse estágio inicial, o herói falha e precisará crescer para completar com sucesso um ciclo na vida e evoluir para outro nível. O herói é convidado a sair de sua zona de conforto.

 Você escuta o chamado do seu coração.

Você sente que há algo a fazer diferente do que tem feito. É preciso sair da casa de seus pais, perder o conforto de tudo que já tem, arriscar a segurança que já conhece, criar sua marca autoral no mundo, mudar seu cotidiano, deixar o emprego do qual não gosta, morar em outro país, romper com os relacionamentos tóxicos, realizar seu grande sonho...

Então entra em crise ao pensar que já realizou tudo que podia profissionalmente e agora chegou a hora de fechar o ciclo e inaugurar outro completamente diferente, com novos desafios. Isso vai lhe exigir outra postura na vida, o que lhe provocará medo.

Exemplo: Zé Magrinho vivia no Rio de Janeiro e ouviu seu chamado para plantar árvores no mundo. Juliana Ferrari escutou seu chamado para fazer uma transição de carreira. Ceminha sentiu seu chamado para não se casar. Cristina ouviu seu chamado ao aceitar fazer a entrevista de trabalho.

> **Dica de ouro:** Na sua palestra ou storytelling de venda, conte sobre suas origens e como tudo começou. No caso de uma empresa ou marca, narre a história da fundação. Se você presta um serviço, conte como você fazia antes e o que o inspirou a fazer diferente e melhor hoje. O caminho do aprimoramento pode ser valorizado em seu storytelling.

A recusa do chamado

 O herói resiste e recusa o chamado.

O herói rejeita o chamado e tenta permanecer na vida que estava vivendo. Mas é impossível. Cedo ou tarde, terá que atendê-lo. O herói precisa evoluir e não poderá ignorar por muito tempo sua missão. Outros personagens podem surgir nessa etapa da narrativa para obrigá-lo a escutar o chamado, até que ele aceite cumprir com o destino.

Você desacredita que tem uma missão ou propósito na vida.

Você sabe que atender ao chamado exigirá esforço, disciplina, foco, sacrifícios, investimentos, estudos, dedicação e a necessidade

Ideias extraordinárias fazem dinheiro

de enxergar as coisas por outras perspectivas. Você gostaria de ficar onde está, quieto, imóvel. Mas decide viver como um herói, atender ao chamado e cumprir com sua missão. Você tem medo. Talvez não seja capaz. Talvez fracasse. Não vai conseguir sozinho. Você olha para trás e gostaria de se alienar para não precisar mudar. Quanto mais tenta resistir, maiores serão as provações. E quanto maior a provação, maior é a oportunidade de aprendizado, porque todos os caminhos levam você à transformação. Depois de aceitar o chamado, você sabe que precisará de ajuda. Então vai ao encontro de aliados.

Simbolicamente, você precisa enterrar os cadáveres de tudo que já morreu no ciclo anterior para inaugurar um novo ciclo.

Exemplo: Ceminha resiste ao seu chamado de se tornar diplomata e insiste em se casar com o Eugênio até o fatídico dia da cerimônia. Juliana repensa se deveria realmente abandonar a carreira de professora e diretora de teatro e fica receosa. Cristina se preocupa em esconder o tempo que ficou sem trabalhar e quase desiste de ir à entrevista de emprego.

Dica de ouro: No seu storytelling, revele para o público que já sentiu insegurança ou vergonha de aceitar que tinha algo de especial para realizar na vida. Assuma que hoje se sente um escolhido e apenas demorou para entender sua missão. No caso do seu negócio, comente que você passou por um processo de estudo, ensaios e erros para chegar na qualidade que atualmente oferece.

O encontro com o mentor

🚶 *O herói encontra o mentor, um doador ou uma ajuda mágica. Ele recebe uma arma, um atributo ou um superpoder para resolver os desafios que vai enfrentar na sua jornada.*

O herói pode receber uma espada, um anel, uma varinha, uma maçã etc. ou possuir um superpoder para vencer vilões, dragões, inferno e monstros. O herói enfrentará mares, como Ulisses; monstros, como Hércules, e aceitará a missão, pois sabe que ela é intransferível. Ele evolui a cada prova e não sucumbe ao egoísmo, porque suas missões transformarão o coletivo.

🚶 *Você encontra um mentor ou ajuda.*

Você pode conseguir um mentor, um livro, um professor, um sábio, um curso, um guia espiritual ou um aliado para orientá-lo e ajudá-lo na caminhada de desenvolvimento e evolução. O mentor representa sua essência querendo se expressar no mundo, mas você precisa querer ser acompanhado por um mestre. A parteira só pode ajudar a parir aquela grávida que tem a sua confiança.

Você precisa mostrar as potências que tem dentro de si para que o mentor possa ajudá-lo a desabrochar esse poder. Seu aliado pode ser interno, como uma intuição ou insight, e externo, como uma pessoa sábia que chegará até você.

Exemplo: Ceminha encontra com Glória e aprende que seu chamado não pode ser ignorado. Ela desiste do casamento e vai em busca de seu sonho. Juliana conhece meu método Storytelling

Ideias extraordinárias fazem dinheiro

Bombástico e vislumbra o caminho para aliar todos os seus talentos e redimensionar os atendimentos. Cristina é atendida na minha Consultoria em Storytelling e descobre meu método para identificar e sanar seu real problema.

> **Dica de ouro:** Narre quem foram seus mentores, pessoas que lhe ensinaram o que você sabe hoje, suas experiências anteriores e a própria formação técnica ou acadêmica.

O ventre da baleia

 O herói faz passagem por lugares perigosos que colocam sua vida em risco, mas ele vence.

Ele passa por um portal, fronteira ou túnel, superando muitas provas. Essas passagens são símbolos da purificação que o herói deverá sofrer. Ele precisará vencer essas provas para ser legitimado e passar para a próxima etapa. Para evoluir, o herói precisa desapegar-se da identidade antiga e dos pensamentos ultrapassados. Ele está se aprimorando espiritualmente no processo.

 Você se transforma.

Aprenda a discernir o que é a voz do seu coração no meio de tanto medo. Ela é aquela que sempre vai incentivar você a se aventurar na próxima etapa!

Você se torna outra pessoa ao cruzar a fronteira do velho para o novo. Pode ser um casamento, uma transição de carreira, um divórcio, um emprego novo, o primeiro emprego, um curso de aprimoramento etc. No entanto, precisa se desapegar das antigas maneiras de pensar (preconceitos, medos, pensamentos antiquados e comportamentos alienados). Você aprende e reaprende coisas que servirão para as próximas etapas. O conhecimento que você deseja ter está sempre em um movimento cíclico de morrer e renascer, e é necessário que o acompanhe, reinventando-se como pessoa e profissional. Será que você está preparado?

Exemplo: Ceminha vai até a casa de minha mãe para refletir e tomar uma decisão. Juliana escreve seu primeiro Storytelling Bombástico. Cristina se encoraja depois de passar pela minha Consultoria em Storytelling e é aprovada na entrevista de trabalho.

> **Dica de ouro:** Você precisa parar, refletir e se perguntar o que vai deixar para trás antes da próxima etapa.

A recompensa

 O herói conquista a recompensa.

O herói neste estágio venceu muitos desafios, derrotou inimigos internos e externos, sobreviveu e se tornou mais forte ainda do que quando começou a jornada. Agora é legítimo que receba uma recompensa. A recompensa representa seu merecimento de ter se tornado um herói mais integrado com sua alma e completamente transformado. Um anel, uma espada dourada, um broche mágico, uma varinha, uma felicidade amorosa, um tesouro, a realização por adquirir novos conhecimentos...

Ideias extraordinárias fazem dinheiro

🚶 *Você amadurece.*

Você chega ao auge da sua maturidade profissional após tantos desafios e provas. Supera tempos difíceis de escassez, falhas externas, riscos, apostas equivocadas. Agora você usufrui do reconhecimento de todos ao seu redor. Adquire capital, se estabiliza como profissional no meio digital, escreve um livro, tem o próprio negócio escalável no mercado e é procurado para mentorar, supervisionar ou ser um consultor. Porém, você sabe que precisa continuar a crescer. A celebração só pode durar uma noite. Mãos à obra. O show deve continuar. Quem não faz gol leva.

Exemplo: Juliana dá um upgrade na sua confiança e aumenta seus atendimentos *high tickets*, conseguindo mais tempo para elaborar novos cursos e aprimorar seu negócio. Cristina é aprovada na entrevista de trabalho e vai morar fora do país.

Dica de ouro: Sonhe grande, pense grande para seu negócio, seja arrojado e evolua na sua performance. Tenha causas valiosas para defender o maior número de pessoas, e certamente o poder dos aliados estará com você. É essa a convicção que o herói carrega para enfrentar todos os obstáculos da jornada. O caminho que ele vai trilhar não é linear. Você, assim como ele, pode retroceder e voltar a avançar. Isso acontece com o herói mítico, com o herói histórico, comigo, com você e, de novo, com o João dono da padaria.

O retorno com o elixir

🚶 *O herói chega ao seu ápice de reconhecimento e valor na sua jornada.*

O herói alcança o ponto de vitória. Ele está em seu lugar de origem e de onde partiu. Traz consigo sucesso, conquistas e muitas transformações. Enxerga o reconhecimento de seu valor nos olhos das pessoas que não acreditavam nele.

🚶 *Você é reconhecido pelo seu sucesso.*

Você talvez volte para sua cidade, sua escola ou para um negócio de família que deixou para trás, mas agora tem muito mais conhecimento, títulos e experiência. Mas o mais importante é que você retorna seguro e vitorioso.

Exemplo: Ceminha se tornará diplomata e voltará para o Rio de Janeiro em algum momento para visitar os amigos e a família. Eles encontrarão uma mulher satisfeita com sua escolha. Ceminha está vivendo o "feliz para sempre" consigo mesma. Juliana lançará seu produto premium. Cristina está morando no Canadá e foi promovida.

Dica de ouro: Revele para sua audiência as validações sociais do seu negócio e de sua competência no mercado. Mostre sua trajetória vitoriosa, celebre a importância de todos que fizeram parte disso e, principalmente, crie o sentimento de reciprocidade com as pessoas que o apoiaram e convoque-as

Ideias extraordinárias fazem dinheiro

para continuar com você em novos voos. Quanto mais coletiva a sua causa, mais inabaláveis são sua fé e suas parcerias. Construa um bando, um grupo, uma comunidade, uma aldeia para criar histórias.

Não existe um ponto-final na jornada do herói. Enquanto houver vida, existirá desejo, conflito e movimento.

Todo herói possui um vilão da mesma grandiosidade. O vilão na vida real pode ser um desafio, uma prova ou problemas significativos que vão ensiná-lo ou prepará-lo para um nível mais evoluído. Nós, pessoas reais, temos a oportunidade de desenvolver o comportamento heroico quando somos confrontados pelas provações da vida.

Essas provações podem ser desde procrastinação, baixa autoestima, autossabotagem, sentimento de inadequação, medo de rejeição, necessidade de controle, dificuldade de dimensionar o valor do seu trabalho etc. As provações vão se repetir até que você aprenda com elas. Sabe aquela história de "errar uma vez é humano, mas insistir no erro é perda de tempo"? Observe as repetições como pistas daquilo que precisa ser modificado.

E quando o vilão da sua jornada é a dificuldade de perceber que seu propósito na vida é ainda maior do que imaginava? E que você tem a consistência para alcançar e impactar mais pessoas? Apresentarei a você um *case* sobre a alma de um *storyteller* escondido na vida de um matemático. Esse contador de histórias e

> Aprenda a discernir o que é a voz do seu coração no meio de tanto medo. Ela é aquela que sempre vai incentivar você a se aventurar na próxima etapa!

escritor se chama Stanley Galvão,[20] e eu o ajudei a reconhecer sua potência de escrita e o escritor que havia nele. E isso torna este *case* uma história exemplar sobre como assumir os próprios talentos.

A Montanha dos Contadores de História

Stanley Galvão – 58 anos, formado em Matemática e empresário de TI há trinta anos – iniciou na área de apoio técnico a vendas, aperfeiçoou-se na gestão comercial de projetos, chegando a gerir equipes com centenas de pessoas. Fez uma transição de carreira em 2017 para a área de planejamento financeiro com foco no desenvolvimento dos comportamentos que culminaram na criação de seu novo projeto profissional, intitulado Fortuna. Ele possuía um escopo de ação com mentorias, palestras e vendas de produtos digitais.

O objetivo inicial da minha Consultoria em Storytelling era ajudá-lo a criar textos inovadores, conectados com seu conteúdo, de maneira simples e rápida, sem perder sua enunciação como contador de histórias. Mas o real problema era amadurecer a

---

20 Stanley Galvão é o nome real e você pode segui-lo no Instagram: @stanleygalvao.

Ideias extraordinárias fazem dinheiro

ideia de que o conteúdo de Stanley tinha a potência de promover uma transformação como um livro também. Essa obra deveria obedecer a uma estética de escrita que provocasse a evolução de consciência no leitor. Ou seja, nosso herói deveria escrever um livro no qual o leitor se identificasse com o personagem e passasse pela transformação que o produto digital promete.

Ele manifestou a necessidade de escrever um pequeno e-book. Eu vibrei, pois essa era a minha chance de introduzi-lo à aventura de escrever um material mais extenso. Stanley acabou por escrever um livro híbrido que ensina a pessoa a desenvolver fortuna e, ao mesmo tempo, conta a aventura de um personagem em busca de si mesmo.

Fizemos exercícios para expandir a criatividade, até que saltamos em um portal que despertou o herói perdido dentro de Stanley: *The Storyteller*, como ele mesmo se denominou. Os primeiros parágrafos clamavam a presença de um herói mais vigoroso, embora ele ainda estivesse preso nas masmorras do medo de escrever.

A capacidade inventiva de Stanley era tão potente que ele mesmo criou uma pequena parábola para nossa relação profissional: eu, uma feiticeira protetora; ele, um herói destemido que pedia "guia-me pelo vale das sombras, onde quebrarei correntes, derrubarei grades e fugirei dos guardas". E eu aceitei a missão.

Foi uma jornada instigante cujo prêmio foi a inauguração de um lugar de criação da escrita, "As montanhas dos contadores de história", como chamávamos o nosso momento de consultoria para escrever. Criamos um lugar mágico onde somos protegidos para respirar a criatividade e o tempo passa de maneira diferente. Onde podemos escrever e contar a única história que vale a pena ser compartilhada: a história sobre um coração destemido e apaixonado pela vida e pelas pessoas.

A magia se expandiu pela carreira de Stanley, toda a sua estratégia de transformação está ancorada no livro, chegando ao ponto em que a leitura de sua obra se tornou um requisito fundamental para pessoas interessadas em ingressar na sua comunidade de mentorias. Comunidade essa que vem aumentando significativamente desde então. O livro intitulado *Fortuna* será lançado no primeiro trimestre de 2023 e consolidará um novo patamar profissional.

Ele me confidenciou que seu livro é um verdadeiro renascimento pessoal e profissional e até profetizou: "A visão privilegiada que tive do topo das 'Montanhas dos contadores de histórias' revelou uma cordilheira de novos picos mais altos a serem atingidos. Essas jornadas serão registradas em novos títulos para a evolução da minha comunidade". Stanley planeja uma trilogia.

A carpintaria da escrita de Stanley prima por provocar nos sentidos do leitor uma fruição que atravessa a tecnologia e literatura. O livro *Fortuna* tem como um de seus objetivos causar uma intensidade sensorial, misturando intervenções musicais por QR Code e outras referências artísticas durante a leitura. Não vou dar spoiler, ok? (Ele me mataria. É segredo de escritores.)

Ideias extraordinárias fazem dinheiro

Minha professora de redação do sétimo ano dizia que as histórias podem estar "grávidas" de outras histórias. Para escrever um storytelling e emocionar pessoas, é preciso que você identifique o que está oculto dentro da sua própria história. E agora vou lhe ensinar técnicas para descobri-la, além de outros aspectos fundamentais da carpintaria de uma história.

O escritor inesquecível narra a vida com o coração destemido porque é apaixonado pelas pessoas.

CAPÍTULO 7

A história cifrada

Ideias extraordinárias fazem dinheiro

Você tropeça em um buraco ao atravessar a rua e quase cai. *Era só o que faltava*. Não há mais tempo para enganos, muito menos acidentes. Você alcança o táxi com a gana de uma águia avistando o cume de uma árvore na qual vai pousar. O motorista olha para você achando estranho seu jeito e puxa um assunto para quebrar o gelo: "Que dia abafado, chove, não chove... mas está marcando chuva para mais tarde".

Se vai chover ou não, você não sabe, porque nem percebeu o dia passar. Você até contaria a ele tudo o que lhe aconteceu, mas nenhuma descrição seria possível para definir o dia de hoje. Você paga a corrida porque chegou ao seu destino.

Cheguei!, você afirma para si mesmo com uma tranquilidade que sempre admirou nos outros e de que nunca se imaginou

Adriana Jorgge

> É preciso criar interesse na sua audiência para que ela fique hipnotizada e queira descobrir os enigmas do seu texto ou do seu discurso.

capaz de alcançar. Agora você aprecia tudo ao seu redor. Percebe as pessoas apressadas, o mormaço vindo do asfalto quente, o vira-lata deitado embaixo da marquise da farmácia, os barulhos dos carros, o cheiro de amendoim doce que vem do trailer ali perto e finalmente enxerga na vitrine da livraria um fôlder anunciando a palestra do livro *Ideias extraordinárias fazem dinheiro* e a frase "Você tem coragem de se entregar à sua própria história?". Sente um arrepio nos braços enquanto contempla o entorno e se pergunta: *Será que somente eu estou percebendo isso?* Você solta um longo suspiro de relaxamento. Fecha suavemente os olhos e percebe a beleza de tudo isso pulsando dentro de você. Tudo está perfeito do jeito como está. Aqui, agora.

Neste exato momento, pergunto: Quem está narrando tudo isso para você? Quem é o personagem principal dessa história? Quem está narrando essa história? Somente Walter, o cachorro de meu pai, conhecia a fronteira invisível das coisas inseparáveis.

Você sente uma leve tontura. Um pequeno frio na barriga, parecido com o de quem vai se apresentar. Isso é bom. Você está vivo. Onde você estava esse tempo todo que se esqueceu de si mesmo? Está se lembrando de sua história. E uma audácia, parecida com a dos tempos de criança, em que queria desbravar tudo, surge, dando-lhe mais coragem. Você entra na livraria sem aquele medo corriqueiro de fazer algo diferente do que sempre faz.

Ideias extraordinárias fazem dinheiro

A segunda história escondida na primeira história

Ricardo Piglia, em seu livro *O laboratório do escritor*,[21] ensina que toda boa história conta duas histórias ao mesmo tempo. Partindo dessa ideia, o talento do contador de histórias – ou *storyteller* – consiste também em saber decifrar a história oculta. Eu vou dar um exemplo na literatura para esclarecer que toda narrativa apresenta uma história aparente e outra submersa.

Vamos entender na prática com o clássico miniconto de Anton Tchekhov. O texto tem como objetivo causar o efeito de intensidade no leitor a partir da sua concisão:

"Um homem em Montecarlo vai ao cassino, ganha um milhão, volta para casa, suicida-se."[22]

Se ainda não conhecia esse texto, imagino que a primeira pergunta que se tenha feito tenha sido: *Por quê? Por que um homem ao ganhar dinheiro se mataria?* A princípio, ganhar um milhão seria motivo de alegria. Por que ficar milionário acabaria com sua vida? Estaria doente? Teria perdido alguém? Qual é o motivo de um montante significativo de dinheiro não ter sido suficiente para ele continuar vivendo e usufruir dessa sorte que tantos desejam?

---

21 PIGLIA, R. **O laboratório do escritor**. São Paulo: Iluminuras, 1994.
22 RODRIGUES, S. Piglia, Tchekhov e a arte de narrar. **Toda Prosa Sérgio Rodrigues**, 23 mar. 2016. Disponível em: https://todoprosa.com.br/piglia-tchekhov-e-arte-de-narrar-2/. Acesso em: 10 nov. 2022.

A história aparente, a primeira história, é sobre um homem que se mata apesar do milhão que acabara de ganhar. A segunda história, a submersa na primeira, é um convite para o leitor imaginar as justificativas ou o motivo dessa contraditória decisão. Algo de estranho e não revelado motivou o personagem. Mas o quê? E essa dúvida intrigante mantém o leitor preso no texto. Eureca! A segunda história toca a primeira e cria uma conexão com o interesse do leitor, que agora está capturado!

E o que o miniconto tem a ver com você contar seu storytelling? Você precisa criar interesse no público e instigá-lo a acompanhá-lo até o final da história. Isso serve para um *pitch* de vendas, uma palestra ou um discurso de convencimento.

É preciso criar interesse na sua audiência para que ela fique hipnotizada e queira descobrir os enigmas do seu texto ou do seu discurso.

Vamos descobrir a segunda história escondida na história aparente de Ceminha. Apresentarei a você o que decidi que ficaria aparente e seria a primeira história. E escolhi o que eu revelaria aos poucos, como uma segunda história.

O que está escondido na história de Ceminha?

A segunda história, a história escondida, precisa ser tão forte quanto a primeira, que está aparente. Ao entrar em contato com a trajetória do personagem, seu público sentirá uma espécie de

Ideias extraordinárias fazem dinheiro

familiaridade e dirá: "Parece que está contando a minha história". Dessa maneira, ela continuará reverberando na cabeça da audiência. Isso é o que eu chamo de efeito "ouviu, gamou". E sobre seu produto, serviço ou negócio: qual é a história apaixonante que ele conta?

Na contação de histórias ou em um storytelling, não há inocentes nem neutralidade na mensagem que será transmitida para o público. Quando narramos, temos o objetivo de atingir o público com a intenção clara de emocionar, conduzir e persuadir. Observe a intenção que eu tive ao escrever o seguinte fragmento sobre a escolha de Ceminha:

Trecho da história aparente: Da frestinha da porta, vi que Ceminha estava com a cabeça no colo de minha mãe, e que toda princesa precisa mais de uma amiga do que de uma fada-madrinha prometendo mundos e fundos para ir ao baile. Depois ouvi movimentos de abrir e fechar o portão lá de casa e pronto. Vida real que segue.

A história escondida: Esse fragmento do texto tem a intenção de mostrar a importância da sororidade entre as mulheres. Ceminha vive um caos interno e está cheia de dúvidas, mas, ao deitar a cabeça no colo de minha mãe, é confortada. O silêncio da lucidez se faz presente na sala e Ceminha decide tomar as rédeas da própria vida. O choro cessa e a vida segue. Ao contrário de uma fada-madrinha que estimula Cinderela a ir ao baile, Ceminha não é cobrada a ir ao próprio casamento. Minha mãe a escuta e a respeita em sua decisão por uma vida real. Digo "real" no sentido de uma vida autêntica, autoral, protagonizada por Ceminha e não mais pelas outras pessoas.

Quem não conhece uma história de submissão e opressão contra a mulher em tempos remotos e até mesmo atuais? A segunda história causa uma identificação com o público feminino por abordar a luta pela igualdade de direitos da mulher, representada no desejo de Ceminha de ser uma diplomata. Ela escolhe a liberdade de decidir seu futuro profissional e amoroso.

O poder das emoções nas narrativas

Você é um narrador poderoso, portanto tenha claro o que quer que seu público compre, e o emocione ao contar uma história que o inspirará a agir.

Portanto, já sabe, né? Seja um narrador poderoso! As pessoas compram por emoção e sua história precisa emocionar o público. Um Storytelling Bombástico influencia diferentes emoções e deixa a audiência ligada em você. Seu público se identifica com o que você está contando.

A fórmula da conexão perfeita para emocionar é fazer seu público sofrer ou se alegrar junto do personagem. Qual é a emoção que você quer passar para sua audiência ao contar uma história? Nossas emoções são necessárias para que possamos nos adaptar e sobreviver ao meio. Perceba a função da emoção que está inserida em uma narrativa e por que ela causa identificação com sua audiência.

Vamos analisar uma cena do *case* de Carlos Antônio.

O narrador da história é como um maestro. Ele dosa a intensidade, a saída e a entrada de emoções na história como se estivesse comandando os músicos de uma orquestra.

Adriana Jorgge

A saída do trenzinho e a criança

Cena: Carlos assiste à mãe, à tia e aos primos indo embora em um trenzinho e o deixando para trás sozinho.

Emoção: Angústia.

Identificação: O público sente angústia e aflição imaginando a cena de abandono da criança em um parque. Os ouvintes também temem que os próprios filhos vivam isso. Eles podem até se lembrar de um episódio parecido e vivenciar a mesma angústia que o personagem.

O contador de histórias é um ilusionista que faz a mágica de colocar você na cena que ele está descrevendo. Como? Emocionando-o com uma boa história. O bom contador de histórias descreve a cena do baile real e, ao mesmo tempo, transporta o público para o salão da festa. Ele faz você acreditar que está vivendo aquilo, seja sentado no trono do rei, seja lavando a louça imperial.

A Roda das Emoções

Podemos identificar as emoções envolvidas em qualquer história. Seja um conto de fadas, um romance, um storytelling de vendas, uma narrativa de terror ou suspense etc. O psicólogo estadunidense Robert Plutchik criou, em 1980, a Roda das Emoções[23] – um gráfico dividido em seções e subseções para nos ajudar a

---

23 EKKEKAKIS, P. **The measurement of affect, mood, and emotion**: a guide for health-behavioral research. New York: Cambridge University Press, 2013.

Ideias extraordinárias fazem dinheiro

compreender melhor as nossas emoções, assim como as gradações delas. A Roda das Emoções é um diagrama no formato de uma estrela de oito pontas, no qual cada ponta representa um sentimento primário com seu respectivo oposto do outro lado.

Observe o desenho circular e perceba que, na parte externa, estão as emoções menos intensas, como serenidade, tédio, aprovação etc. Mais ao centro, estão as emoções básicas, como confiança, medo, tristeza etc. E, na parte central, os sentimentos mais intensos, como assombro, ira, angústia, entre outros.[24]

A Roda das Emoções

---

24 MORAES, J. Roda das emoções: saiba como identificar os sentimentos. **Vitat**, 17 nov. 2020. Disponível em: https://vitat.com.br/roda-das-emocoes. Acesso em: 10 nov. 2022.

Adriana Jorgge

Ao narrar uma história, você quer incentivar sentimentos variados no seu público. Por exemplo, em uma parte da narrativa, talvez deseje fomentar uma alegria e, em outra, um sentimento diferente, como o medo. O narrador da história provoca determinados sentimentos com um único objetivo: emocionar, atrair e persuadir o público para ser receptivo à mensagem. Essa mensagem pode ser: Compre! Venda! Acredite! Confie! Mude! Aja! Vote!

Quanto mais autêntica for sua história, mais criativa ela será. Quanto mais rica de emoções, mais envolvente será a narrativa. E quanto mais assertiva e clara a mensagem, mais persuasiva é a história. Bingo! Você atingiu em cheio o coração de seu público. Trata-se de um encontro afetivo bem-sucedido se analisarmos o aspecto da confiança envolvida nessa relação. Você conquistou seu público!

O narrador da história é como um maestro. Ele dosa a intensidade, a saída e a entrada de emoções na história como se estivesse comandando os músicos de uma orquestra.

É como implantar uma melodia dentro da pessoa que a escuta. Quanto mais tempo ela ficar com aqueles acordes dentro de si, mais inesquecível e duradoura será a mensagem para ela. Aposto que você pensou na Coca-Cola e na Disney.

Essas marcas são exemplos de empresas que transmitem emoções intensas de felicidade aos seus consumidores. A Coca-Cola investe na imagem de ser a bebida preferida da família e dos amigos. A mensagem é: viva e comemore seus momentos mais

Ideias extraordinárias fazem dinheiro

importantes bebendo Coca-Cola. Tudo o que podemos fazer de melhor na vida fazemos juntos bebendo Coca-Cola! Quem bebe Coca-Cola ama e é amado.

A Disney é uma marca que já é o próprio *storyteller* otimista. Ela garante a magia ao seu público e oferece aos adultos e às crianças a crença na nossa capacidade de inventar mundos, de criar e contar histórias.

O que seu negócio oferece em termos de qualidade de emoção? E sua marca? Tenha consciência das emoções que você está provocando em sua audiência com seu storytelling de venda.

CAPÍTULO 8

Diga sim para sua história

Ideias extraordinárias fazem dinheiro

Storytelling-Embrião

Vamos retomar de onde você estava: um vendedor da livraria lhe indica onde é o evento. Você segue pelas estantes de livros e procura uma cadeira para se sentar próximo ao palco. Tudo ao seu redor é aconchegante e você sente que pertence ao lugar. Você se lembra de algumas pessoas que gostaria que estivessem ali também para assistir a esse evento. *Pena não ter dado tempo de chamá-las*, lamenta. O público começa a chegar e tomar seus lugares. No fundo do palco, aquela tal frase está escrita emoldurando o espaço da apresentação e onde também está a pequena poltrona da palestrante e a mesinha com um copo de água. Você se fixa de novo na pergunta: *"Você tem coragem de se entregar à sua própria história?"*.

Muitas vezes fugimos das grandes indagações da vida por medo de mergulhar mais fundo em nossas dores e revivê-las de novo. Às vezes, nossas experiências mais potentes são ameaçadas por um redemoinho de medos e culpas, e descobrir que a fonte de nossa força está revelada na nossa própria história é, em certa medida, muito arriscado para o modo habitual como pensamos e agimos. Mesmo que o habitual esteja nos causando sofrimento. Pois, ao investigarmos nossa narrativa, estamos suscetíveis a fazer grandes mudanças. *O que somos capazes de realizar se nos libertarmos da culpa e dos medos e nos entregarmos à nossa história?*, você pensa.

E o temporal que estava previsto em pouco tempo deságua na cidade. Felizmente, você está seguro dentro da livraria.

Você tem coragem de se entregar à sua própria história?

Já refletiu sobre o que acontece quando você se esquece de si mesmo e se coloca em segundo, quarto ou milésimo plano? Como isso interfere drasticamente na sua performance? Pois então, chegou o momento de fazer um exercício importante, que vai ajudá-lo a perceber suas potências inatas e as consequências de não ouvir seu "chamado", pagando com o adoecimento da própria alma. Não se trata de romantizar a infância ou mimar a nossa tal criança interior, mas de questionar se estamos sendo leais ao nosso desejo mais antigo de alegria e prazer.

Já refletiu sobre o que acontece quando você se esquece de si mesmo e se coloca em segundo, quarto ou milésimo plano?

Adriana Jorgge

Vamos perceber que o brincar da criança, o jogar na infância, revela nossos desejos mais primordiais e o quanto isso interferiu em nossa vida adulta. Repito: não se trata de ficar pulado amarelinha pelas ruas, mas de reconhecer que desde criança já havia pistas de habilidades, gostos e talentos que poderíamos desenvolver no futuro. Você sabia, mas se esqueceu.

Vamos lá? Eu estou aqui para ajudar você a lembrar e a assumir esse superpoder. Você chegou até aqui e essa é a melhor parte! Aproveite o próximo exercício sabendo que também poderá realizá-lo no QR Code, no qual você encontrará minha narração guiando-o passo a passo nessa viagem imaginária ao seu passado, à sua infância e ao seu Storytelling-Embrião. E não se esqueça: pegue seu caderno ou algo para anotar as respostas deste exercício.

Aponte o celular e acesse o QrCode ao lado.

Exercício Storytelling-Embrião

Parte 1: preparação para a viagem

Escolha um lugar onde ninguém vai interrompê-lo e sente-se em uma cadeira confortável com a coluna ereta, mas relaxada.

Ideias extraordinárias fazem dinheiro

Mantenha os pés bem estáveis e apoiados no chão (nada de pernas cruzadas ou pés levantados). Fique relaxado, porém desperto. Não durma. Deixe os olhos fechados o tempo inteiro. Relaxe a boca, as sobrancelhas e os ombros. Solte o corpo. Deixe os braços na melhor posição que puder. Inspire lentamente até sentir os pulmões cheios e expire, soltando o ar devagar. Relaxe. Esqueça as preocupações.

Inspire e expire com mais intensidade, soltando os ombros um pouco mais a cada expiração. Repita isso cinco vezes. Depois relaxe. Não é preciso fazer nada, pois seu corpo sabe respirar sozinho.

Parte 2: sua brincadeira preferida

Agora imagine uma coisa que você adorava fazer quando criança, uma brincadeira ou algo que fazia frequentemente e em que sentia que era muito bom. Imagine em detalhes. Veja você criança fazendo isso agora. Talvez ao começar a ler você já esteja até imaginando. Permita que isso aconteça.

Perceba os cheiros, os sons, as cores, o lugar onde fazia isso, se tinha alguma companhia ou não. Imagine tudo com muita calma. Permita-se retomar a alegria que sentia nessas ocasiões. Sorria se der vontade. Continue imaginando.

Parte 3: voltando para o presente

Agora deixe que a imagem vá perdendo a intensidade, diluindo-se na sua mente. Com muita calma e no seu tempo, conte mentalmente de cinco a zero. Sem pressa ou tensão. Abra os olhos somente no zero. Você está exatamente onde sempre esteve. Quando estiver satisfeito, pegue o caderno e anote em uma ou duas palavras o que você gostava de fazer na infância. Essa palavra é a definição de sua potência, talento, habilidade ou, chamando de maneira lúdica, a definição do tipo de superpoder que você carrega como herói. Registre sua resposta. Isso é importantíssimo para a continuidade do exercício.

Parte 4: preparação para a nova viagem

Continue sentado em uma cadeira confortável com a coluna ereta e relaxada e vamos repetir o processo anterior. Mantenha os pés bem estáveis e apoiados no chão. Fique relaxado, porém desperto. Deixe os olhos fechados o tempo inteiro. Relaxe a boca, as sobrancelhas e os ombros. Deixe os braços na melhor posição que puder. Inspire e expire mais intensamente, soltando os ombros a cada expiração. Repita essa respiração cinco vezes. Depois relaxe. Não é preciso fazer nada, pois seu corpo sabe respirar sozinho.

Parte 5: a pessoa admirável

Agora imagine um lugar bonito e um banco para você se sentar. Visualize que está sentado nele e aviste bem à sua frente uma pessoa que você admira muito. Imagine essa pessoa em detalhes. Observe o que ela está fazendo, imagine o que ela pensa e perceba o que você admira nela. Permita que essa imagem aconteça. Caso apareça mais de uma pessoa, não há problema. Observe o que você admira nelas.

Ideias extraordinárias fazem dinheiro

Parte 6: a volta para o presente

Agora deixe que a imagem vá perdendo a intensidade, diluindo-se na sua mente. Com muita calma e no seu tempo, conte de cinco até zero. Sem pressa nem tensão. Abra os olhos somente no zero. Você está exatamente onde sempre esteve. Aqui. Agora.

Quando estiver satisfeito, pegue o caderno e anote quem você admira e suas características. E guarde as respostas.

Estes são alguns exemplos de respostas que recebo quando aplico este exercício na minha Consultoria em Storytelling: minha professora e a paixão de ensinar; meu tio e a coragem de empreender; meu primo e seu senso aventureiro; minha irmã mais velha e sua sagacidade; minha mãe e sua coragem; meu avô e suas histórias inesquecíveis.

Agora, vamos relacionar:

1. sua brincadeira favorita;
2. os superpoderes ou suas potências desde a infância;
3. a qualidade que você admira na pessoa que veio à sua mente.

Entenda o processo para descobrir seu Storytelling-Embrião, observando as ilustrações a seguir sobre o *case* de Fernando Cantagalo. Depois, refaça os quadros no seu caderno e substitua pelo seu nome.

Adriana Jorgge

Quadro 1	Quadro 2	Quadro 3
Brincadeira favorita. Eu gostava de brincar de ser **apresentador de jornal** televisivo, inventando notícias trágicas e engraçadas e ouvindo a **minha voz** no **microfone** de brinquedo.	**Superpoderes e potências. Palavra escolhida para definir o superpoder na brincadeira: comunicação.** Eu gostava de inventar notícias trágicas ou engraçadas e ficar ouvindo a minha própria voz no microfone de brincadeira.	Pessoa que admiro. Meu tio é um grande vendedor de motocicletas, vende tudo com muita paixão. **O superpoder do tio era a comunicação.**

O superpoder de Fernando é a comunicação. Sua capacidade de se expressar com clareza e empatia. A pessoa escolhida pelas qualidades foi o tio, que também apresentava a mesma habilidade de comunicação e o gosto por estar em contato com pessoas diferentes e ter que persuadi-las a comprar.

Mas por que Fernando não se sentia realizado no escritório de advocacia onde trabalhava? De dois anos para cá, ele trabalhava em uma função burocrática, repetitiva e muito solitária. Não se sentia mais desafiado, sua performance estava decaindo a cada mês e o corpo já dava sinais de desmotivação quando estava no escritório. Ele enxergava, nos problemas do dia a dia, verdadeiros empecilhos para acordar no dia seguinte. Entrou em licença médica duas vezes nos últimos seis meses por ter agravado seu refluxo e desejava secretamente a falência do escritório em que trabalhava. Chegou a me contar um pesadelo que envolvia um naufrágio e seus colegas de trabalho.

Os superpoderes que me acompanham desde a infância estão sendo aproveitados?

Adriana Jorgge

Para mim, era fundamental e urgente uma mudança em sua vida profissional para que não adoecesse mais ainda emocional e fisicamente nem influenciasse negativamente as pessoas de seu convívio. Optou por uma transição de carreira depois de ter vivenciado o exercício Storytelling-Embrião e ter percebido seu talento subaproveitado e o quanto isso estava produzindo raiva, autossabotagem e ressentimento.

Mas por que Fernando não pediu demissão antes? Fernando estava atrelado às crenças de pobreza de sua mãe (lembra-se?) e precisou reconhecer que ela também tivera momentos na vida em que fora obrigada a arriscar e ter coragem.

E por que Fernando se sentia potente? Ele estava se preparando para lançar seu podcast sobre comunicação, liderança e advocacia. Quando estava gravando os episódios, sentia alegria, vontade de viver e satisfação, mesmo sofrendo com alguns desafios. Cada obstáculo não diminuía sua energia; ao contrário, podia varar a madrugada trabalhando, mesmo sem remuneração.

Fernando levou aproximadamente dezoito meses para fazer sua transição de carreira depois de compreender que seu chamado para a vida de comunicador já havia acontecido na infância. Foi árduo o processo de convencê-lo de que, apesar de estar se preparando bastante com estudos e planejamentos, ele deveria se arriscar e assumir a produção do podcast e aos poucos abrir mão da segurança do seu antigo lugar de trabalho. Hoje, Fernando é um destaque entre os podcasts de sua área.

Ideias extraordinárias fazem dinheiro

Este exercício pode ser feito mais de uma vez por você, porém dê um intervalo de pelo menos três meses entre as ocorrências. Isso o ajudará a entender que não se trata de culpar seu atual emprego, função ou time. O lugar pode ser satisfatório para muitas pessoas, mas não para você.

Agora é sua vez de se perguntar. *Os superpoderes que me acompanham desde a infância estão sendo aproveitados? Ou estou subaproveitando meus talentos em um ambiente de trabalho desmotivante? O que está me impedindo de tomar uma atitude para mudar esse cenário?* Em caso de dificuldade, volte à lista de perguntas trabalhadas no capítulo 5 e refaça as perguntas sobre com quem e o que você deve romper para realizar seu sonho.

Trilhamos muito até chegar a este capítulo, e você talvez queira saber o que fazer daqui em diante para conservar sua performance como *storyteller*, ou narrador poderoso, de um Storytelling Bombástico. Além de refazer os exercícios quando necessário e ouvir as gravações pelo QR Code, eu o convido a treinar sua imaginação e sua vontade. Isso mesmo: treinar! A imaginação tem músculos, e você, em posse da sua força de vontade, pode exercitá-los para serem mais ágeis e criativos.

Vou deixar uma lista de exercícios e dicas simples que você poderá fazer todos os dias. São práticas para enriquecer o processo criativo de contar seu Storytelling Bombástico e potencializar sua performance.

Adriana Jorgge

Vinte exercícios que vão bombar seu processo criativo

Estes exercícios não têm como objetivo esgotar todas as possibilidades de práticas de improvisação sobre a escrita criativa, mas de provocá-lo a desenvolver os músculos da sua imaginação. Você é o narrador agora! Tenha coragem! Seja um narrador poderoso!

DICA 1: Lembre-se de que tudo ao seu redor pode ser uma espécie de professor de escrita criativa se você estiver atento às experiências que vive no cotidiano. Largue um pouco o celular e olhe ao redor, para cima e para baixo e para dentro de si. Você colherá narrativas inéditas que o ajudarão a construir uma estrutura de storytelling criativa para seu serviço, negócio e palestras.

Todos os estímulos e situações que você vive no seu dia a dia são oportunidades preciosas para colecionar histórias que servirão como analogias e metáforas para enriquecer seu discurso. Portanto, se quer se tornar um narrador reconhecido por todos, comece a contar o que você observou

Ideias extraordinárias fazem dinheiro

nos diferentes lugares por onde passou e passa. Divirta-se e boa sorte.

DICA 2: Conforme for adquirindo segurança nos exercícios, que sempre deverão ser prazerosos de realizar, memorize o que criou e ensaie algumas vezes antes de apresentar para a plateia. Se necessário, mude alguma indicação do exercício para ajustá-lo a seu desejo e suas possibilidades de executar minhas orientações.

Exercícios para estimular a imaginação

1 **Escutar histórias alheias.** Não seja fofoqueiro, mas fique atento às conversas alheias no metrô, no cinema, no restaurante, na praia etc. Observe do que se trata e imagine as situações narradas como cenas de um filme. Depois, escreva livremente no seu caderno sobre uma delas. No máximo duas folhas. Destaque o tempo e o espaço em que se passa essa história. Quem é o personagem principal? Qual é seu conflito? Conte para as pessoas e depois pergunte o que elas entenderam. Quais foram os pontos mais interessantes da história? O que mais prendeu a atenção delas?

2 **Recontar uma história muito famosa.** Escolha uma história muito conhecida e crie uma versão muito diferente para ela. A seguir, conte para as pessoas sua nova versão da trama. Por exemplo, um fragmento da trama de Harry Potter.

Pergunte ao seu público o que achou de Harry Potter agir diferente do que está escrito no livro.

3 **Sua música preferida.** Ouça suas músicas preferidas e selecione uma. Em seguida, faça um exercício de recordação. Tente lembrar como era essa ocasião em que você escutava essa música, quem eram seus amigos e quais eram seus sonhos na época. Escreva no seu caderno em, no máximo, duas folhas. Depois conte essas histórias para alguém.

4 **O que essa música conta?** Ainda usando como exercício a mesma música, observe se na letra dela está sendo contada a história de alguém. A história é de quem? Quem é esse personagem? Qual é o conflito desse personagem? O que ele deseja, mas não tem? O que ele gostaria de ser, mas não é?

Por exemplo: a canção "Eduardo e Mônica", da Legião Urbana. Eduardo e Mônica começaram a se relacionar e com o tempo desejaram ficar cada vez mais juntos, porém eram muito diferentes. Mas quem vai explicar as razões do coração, não é mesmo? Agora é sua vez. Crie uma história para o personagem da música que você escolheu. Depois grave essa narrativa no formato de uma mensagem de áudio para alguém. Você pode mandar esse áudio para uma amiga e perguntar se ela conseguiu imaginar qual foi a música que você escolheu para este exercício. Capriche em criar uma história que explore bem as características do personagem e ao mesmo tempo destaque seu conflito.

Ideias extraordinárias fazem dinheiro

5 Quem conta um conto aumenta um ponto. Use a mesma música do exercício anterior e adicione um personagem muito inusitado ao conflito da canção. Na canção "Eduardo e Mônica", por exemplo, a questão conflituosa dos personagens serem diferentes e sua avó na vida real tentando conciliar o casal fictício. Pode ser sua avó ou outra pessoa que você conheça. Brinque em juntar esses dados e conte essa história para alguém de maneira divertida. (Vale contar para sua vó também.) E observe se sua plateia vai achar engraçado.

6 Recordar é viver, mas inventar é melhor ainda. Abra seu álbum de fotografias e tente se lembrar, em detalhes, de algumas ocasiões que as fotos registraram. Depois, escreva no caderno tudo o que observou, como se fosse um conto para um livro que você vai lançar. Capriche na descrição dos personagens, do tempo, do espaço e do conflito da história. (Se não se lembrar de um conflito na situação, invente um.) Escreva, escreva, escreva (mas, no máximo, cinco folhas). Depois selecione o que você quer contar e narre para alguém como se fosse um segredo de família. Invente!

7 Os guardados. Pegue cadernos antigos da escola, cartas, postais ou mesmo e-mails e selecione uma pessoa que está nesse material. Depois, invente uma cena de aventura para ela. Esse personagem terá que superar desafios e poderá ter ou não um final feliz. Decida! Conte para um amigo.

8 **O oráculo do livro.** Abra aleatoriamente a página de um livro e leia a linha oito de baixo para cima. Pegue essa frase e invente uma história de suspense. Conte à noite para seus amigos como se você tivesse realmente passado por isso. Não revele jamais que foi um exercício.

9 **Os sentidos.** Escolha um lugar tranquilo. Relaxe. Permaneça nele por um tempo. Perceba o ambiente pelos seus cinco sentidos. Qual cheiro você sente? O que pode tocar? O que ouve? Existe algo que lhe sugere algum sabor nesse ambiente? O que você enxerga nele? Descreva tudo no seu caderno e depois conte uma história que envolva um crime curioso nesse cenário. Conte para um amigo e tente mantê-lo atento à trama.

10 **A lista.** Pegue uma lista de coisas anotadas por você ou por outra pessoa. Uma lista esquecida, perdida, amassada, jogada fora ou antiga. Selecione duas ou três coisas escritas ali. Crie uma história para cada item e desenvolva um começo, meio e fim. Adicione um conflito à história e siga uma única regra: tudo se passa em uma festa de aniversário.

11 **Um brinquedo antigo.** Feche os olhos e lembre-se de um brinquedo antigo que marcou você. Fique com a imagem dele na cabeça. Explore o máximo essa lembrança e a sensação que você tinha quando brincava com ele. Por que você gostava desse brinquedo? Você tinha medo?

Ideias extraordinárias fazem dinheiro

Alguém tomou de você esse brinquedo? Escreva tudo no caderno. Neste exercício não é preciso fazer uma história com começo, meio e fim. No entanto, compartilhe com uma pessoa essa experiência e peça que lhe conte a sensação dela com seu brinquedo preferido.

12 **Você é o roteirista.** Assista de novo a um filme impactante e invente um final diferente para ele. Escreva no caderno esse final inventado em, no máximo, uma folha. Conte para alguém mudando totalmente o cenário da história. Observe se isso interferiu no seu jeito de contar. O que mudou na sua história? Por quê?

13 **Você é o roteirista, mas o tempo na sua história mudou.** Assista de novo a outro filme impactante e invente um final diferente para ele. Escreva no caderno esse final inventado em, no máximo, uma folha. Conte para alguém mudando totalmente o tempo em que se passa essa história. Observe se isso interferiu no seu jeito de contar. O que mudou na sua história? Por quê?

14 **A escolhida.** Escolha uma pessoa aleatória na rua e tente observá-la (sem que ela perceba, claro). Invente mentalmente uma história para ela. Foque em criar um conflito interessante para essa pessoa. Faça uma história de começo, meio e fim usando até três folhas. Depois narre-a para mais de uma pessoa.

15 **Meus best-sellers.** Liste dez títulos de livros que você gostaria de escrever. Depois, peça mais sugestões para amigos, colegas e familiares. Escolha três títulos dos listados. Desenvolva uma história para o título escolhido. Lembre-se de criar personagens, espaço, tempo e um conflito. Em seguida, conte essa história para as pessoas que sugeriram os títulos e pergunte se gostaram da história que você criou.

16 **Junte o quebra-cabeça e crie uma história.** Invente uma história com um começo, meio e fim usando os seguintes componentes: cachorro, São Paulo, fechadura e cuscuz. Desenvolva um bom conflito para o personagem principal dessa história.

17 **Mantenha-se informado.** Selecione uma notícia e reconte-a valorizando o conflito contido nela. Imagine que você precisará criar uma analogia para ajudar a reforçar como é dramático esse conflito. Adicione a essa história uma boa analogia. Conte-a para muitas pessoas, começando pela analogia e depois desenvolvendo o restante da narrativa.

18 **De médico e louco todo mundo tem um pouco.** Faça uma lista de dez perguntas muito estranhas. Peça a contribuição de seus amigos mais divertidos. Escolha a pergunta mais doida da lista e invente uma história a partir dela. Lembre-se de criar personagens, conflito e dar um final mais inesperado ainda.

Ideias extraordinárias fazem dinheiro

19 **Plagiar é permitido.** Escolha um contista famoso e tente escrever uma outra história parecida, imitando seu estilo. Depois conte a história para alguém e pergunte se a pessoa reconhece quem foi sua inspiração literária.

20 **Minha autobiografia.** Pegue uma foto sua, aquela de que você mais gosta da época da infância, e, olhando para ela, defina como você é. Quem é você? Do que gosta? De que não gosta? Qual é seu maior sonho? Qual é seu conflito? Depois conte para uma criança como se você fosse um personagem de literatura infantojuvenil. Observe se isso alterou suas caraterísticas reais. Qual foi a característica que você modificou? Como você modificou? Você como um personagem de uma história seria um personagem interessante de livros para crianças e adolescentes? Você tem superpoderes? Quais são?

CAPÍTULO 9

A hora é essa!

Ideias extraordinárias fazem dinheiro

Daqui a pouco a palestrante que você está esperando chegará e você fantasia a situação: ela vai subir ao palco e talvez me escolha no meio de toda essa plateia para me perguntar: "Você tem coragem de se entregar à sua própria história?".

Você não renega seu passado e muito menos o coloca em um altar. Mas quer construir sua história sem as antigas amarras. Depois de tanto tempo preso no elevador, a máxima "O presente basta" nunca fez tanto sentido para você.

Saia do anonimato

Em posse do método Storytelling Bombástico, tenho certeza de que você já vislumbra novos horizontes para seu posicionamento diante de seu serviço, produto, negócio ou palestra.

> Uma história contada não é mais do narrador, nem sua, nem minha; é palavra caminhante que sai mundo a fora.

Portanto, eu o convido: saia do anonimato com o método Storytelling Bombástico e transforme sua história de vida em uma narrativa que poderá conquistar o mundo. Saia da sombra! Protagonize, narre e atue nas histórias que você contará para vender mais e conectar pessoas. Frequentemente, quando damos um passo gigante para a frente, uma espécie de ataque pode acontecer. Por exemplo: preguiça, medo, insegurança e toda a sorte de pensamentos invalidantes. Antes de se desesperar, se autossabotar ou se sentir uma fraude nadando em um oceano de ansiedade, lembre-se: viva um dia de cada vez, todos os dias com meu método e este livro para acompanhá-lo. Meus contatos se encontram na minha biografia. Fique à vontade para conversarmos sobre o assunto.

Se vamos viver um dia de cada vez com meu método, peço que observe o quanto você já se transformou desde que começou a ler este livro. Parabéns! Quantos medos foram nocauteados, dissolvidos ou simplesmente se tornaram insignificantes?

Você descobriu que tem uma boa história pessoal para compartilhar e agora está aprendendo a contar a narrativa de seu negócio, porque você é o dono dessa história toda!

Transforme sua história de vida em uma narrativa que poderá conquistar o mundo.

Adriana Jorgge

Um gol de placa

Márcio Chagas,[25] 46 anos, ex-árbitro de futebol e comentarista[26] da RBS TV, foi um dos meus clientes na Consultoria em Storytelling. Criamos a marca Utopia Possível para seus vídeos e desenvolvemos a campanha #joguecontraoracismo, com a intenção de denunciar o comportamento racista no futebol. O Storytelling Bombástico da campanha de Márcio faz uma alusão a jogar enquanto partida de futebol e a jogar enquanto comprometimento na luta contra o racismo. A campanha tem como objetivo discutir as políticas antirracistas nos esportes.

Quando o storytelling de Márcio foi contratado para a campanha #joguecontraoracismo, percebemos a necessidade de criar um programa de entrevistas para ele com profissionais especializados que poderiam elucidar a diferença entre preconceito e o racismo estrutural no futebol, e a partir daí ampliar a discussão para as políticas antirracistas no esporte e seus desafios. Na esteira de suas atuações profissionais, também desenvolvemos uma palestra destacando a sua biografia em consonância com a sua campanha.

Durante as Consultorias em Storytelling, tive a oportunidade de incentivá-lo a escrever suas crônicas sobre o assunto em sites e jornais. Além disso, o acompanhei em seu processo de escrita, orientando sobre a estrutura dOS textos que foram compilados

---

25 Nome real deste *case*.

26 CHAGAS, M. O racismo estrutural na cultura do futebol, 2015. Vídeo (15min. 5 s.). Disponível em: https://www.ted.com/talks/marcio_chagas_o_racismo_estrutural_na_cultura_do_futebol. Acesso em: 17 nov. 2022.

Ideias extraordinárias fazem dinheiro

para seu livro. Os temas futebol e racismo também foram incorporados no programa *Sem Firula*, disponível nas redes sociais.

Ao me debruçar nas histórias pessoais e de negócio do cliente, tenho a segurança de criar uma esteira de produtos coerente com seu posicionamento político e social. O trabalho principal do storytelling desenvolvido para o Márcio foi reforçar sua imagem e posicionamento não só como árbitro premiado e comentarista como também cronista articulado com os temas das políticas antirracistas.

Você conta sua história como se estivesse apresentando uma carteira de identidade. A narrativa concisa e bem construída tem o efeito da sabedoria popular: a primeira impressão é sempre a que fica.

Com exceção dos contos de fadas, nenhuma história termina no "felizes para sempre" e ninguém tem uma vida perfeita, pois a felicidade permanente não existe. Estamos em constante movimento e sofremos mudanças na trajetória de nossa vida. O ser humano deseja prolongar o prazer o máximo possível e evitar a dor a todo custo, mas o fato é: toda história tem dor, desafio e conflito. O conflito é uma mola propulsora que imprime um ritmo na história e na vida. E vida é movimento.

A história e a vida contam uma sucessão de acontecimentos tristes e alegres de maneira encadeada, passando assim o tempo na história. Primeiro acontece algo, depois um empecilho atravessa seu caminho, agravando a situação ainda mais até você finalmente superar os obstáculos. Enquanto isso, o personagem é ajudado, amadurece, supera e outros episódios acontecem. Tudo muda e o personagem chega ao final da jornada transformado.

É exatamente assim quando você abre um álbum de fotografias de sua família. Você vê o tempo passando por fases distintas, seja em datas comemorativas, eventos ou acontecimentos "comuns". Ninguém compraria um livro, assistiria a um filme ou ouviria uma história que fosse: "Ele nasceu feliz, cresceu feliz e viveu feliz para sempre". É inverossímil, pois a vida não é assim. Não existe nenhuma pessoa, nem mesmo alguém milionário, que não sinta falta de algo, não tenha alguma dor, problema ou desejo não atendido. Todas as pessoas vivem muitos conflitos e têm desafios na vida.

Portanto, quando contamos uma história, apresentamos na primeira narrativa um conflito. O personagem ama, mas não é amado; quer ter uma vida de rico, mas não tem dinheiro; quer ser reconhecido, mas é desprezado; ambiciona o sucesso, mas é insignificante; quer ser inteligente, mas não tem conhecimento. E todo tipo de obstáculo e impedimento o afasta da realização de seu desejo. É aí que começa a força da narrativa. O que ele fará? Quem ele vai encontrar? O que vai acontecer? O que vai transformá-lo? Desafios, vitórias e fracassos são parte dessa história. E agora, nesta parte do livro, você já sabe subtrair suas perdas, transformá-las em pérolas e aplicar seu ponto de virada.

O caminho das caveiras

Samuel, 35 anos, casado e sem filhos, formado em Ciências Contábeis e proprietário de uma pequena empresa de mudanças em

Ideias extraordinárias fazem dinheiro

Ribeirão Preto, me procurou para aprender a contar sua história de vida em uma palestra. As sessões foram ágeis, pois Samuel era dedicado e disciplinado e estava acostumado a palestrar. Mas, então, qual era a dificuldade dele?

Após o término das palestras de Samuel, a plateia sempre apresentava um comportamento contrário ao desejado em uma palestra de venda: estava entediada e sonolenta. Ou seja, quando chegava ao fim da apresentação, ele percebia que não conseguiria engajar ninguém, nem para um almoço grátis. O que estava faltando para sua palestra ser um sucesso?

Quando repassamos a apresentação, percebi que Samuel contava a história tornando tudo pesado, quando não deveria existir nenhum drama. Isso arrastava o ritmo da palestra e a tornava desinteressante. O problema era evidente para mim. Não havia humor nem analogias em sua fala. Samuel desejava que a história fosse inserida no momento da validação de sua autoridade, porém, somente após a aplicação de meu método Storytelling Bombástico, ele compreendeu que a narrativa poderia deixar rastros em outras etapas da palestra também. E mais do que isso: deveria abrir com a imagem da bicicleta torta carregando as caveiras. Vamos entender o que é isso.

O fato de Samuel ter saído de casa cedo para ganhar a vida fez dele um jovem esforçado e comprometido em ajudar a família. Antes de abrir sua empresa de mudança, ele tentou a vida como vendedor de crânios de gesso para festas. O negócio ia surpreendentemente bem para um rapaz inexperiente e sem qualquer capital de giro ou recursos. Até que ele resolveu, para

Adriana Jorgge

aumentar a margem de lucro, dispensar o fusca 78 do seu colega de cursinho que o ajudava a carregar os itens e fazer tudo sozinho. Samuel passou a transportar a carga das caveiras pela cidade em uma velha bicicleta. As cabeças sempre chegavam avariadas ou quebradas ao destino e, aos poucos, Samuel faliu.

Mas por que aquele Samuel aventureiro se tornou esse Samuel chato? O excesso de responsabilidades com a empresa, aliado à saída prematura de casa, lhe conferiram um ar ranzinza e muito preocupado. Samuel precisava aprender a brincar de novo, a rir de si mesmo e – por que não? – rir das caveiras *desgracentas* que previram seu futuro como empresário de sucesso na área de mudanças.

Eu sugeri a Samuel que encontrasse a foto do perrengue das caveiras, pois seria um documento que provaria que isso realmente aconteceu quando ele era jovem. Por sorte, um colega fotografou essa cena. Após algumas sessões comigo, sugeri a Samuel que ele mostrasse, durante a palestra, a tal foto, como uma percussora de seu negócio de mudanças. A imagem mostrava um jovem carregando, em três imensas mochilas, as cabeças de caveiras de gesso. Era nítido o desequilíbrio do corpo de Samuel devido ao sobrepeso que ele carregava na bicicleta velha pela estrada de terra. Ele inventou a frase "Perca as caveiras, mas não perca a sua cabeça. Mantenha o foco no seu negócio" para o momento específico da palestra em que ele contava a trajetória da empresa de mudanças. Na final da apresentação, Samuel expunha em PowerPoint a frase "Sempre há uma solução" e, em seguida, oferecia seu aplicativo para organizar previamente uma mudança.

Ideias extraordinárias fazem dinheiro

Bingo!

E quais estratégias da minha Consultoria em Storytelling usei no *case* de Samuel?

4. Qual ponto de sua história pode ser engraçada ou jocosa?

5. Qual outra história poderia servir de analogia para ser usada durante sua palestra?

Como assim, Adriana? Explico: Na introdução deste livro, contei a história de Walter, o cachorro de meu pai. Essa analogia foi contada para representar a impossibilidade de separar um café com leite misturados em uma tigela e, ao mesmo tempo, a nossa incapacidade de diferenciar memória de invenção em uma história. Assim como usei a história de Walter, qual outra história você poderia usar para facilitar o entendimento do seu público?

6. Use sua história de aparente fracasso para revelar sua capacidade de resiliência e de se manter no foco.

7. Use também sua história de fracasso com traços de leveza, ironia e até humor, caso não seja traumática para você.

As histórias podem tomar os próprios caminhos e, por vezes, surpreendem até o narrador. Uma história contada no agreste do Brasil pode chegar a uma cidade da Finlândia. É a força da palavra, do personagem e da mensagem.

Seja o *Narrador Poderoso* da sua própria história.

Uma história contada não é mais do narrador, nem sua, nem minha; é palavra caminhante que sai mundo afora.

CAPÍTULO 10

Você tem coragem de se entregar à sua própria história?

Ideias extraordinárias fazem dinheiro

A palestrante chegou – alguém comenta.

Eu subo ao palco, sorrio e cumprimento o público. Você enxerga nos meus olhos aquela receptividade que sempre desejou. Agora você tem coragem de se entregar à sua história. Você tem coragem de contá-la para o mundo e deixar um legado.

Sei que atravessou caminhos tortuosos de medo e não imaginou que chegaria até aqui. Você aceitou o chamado para o encontro com seu destino. Parabéns! Chegamos ao outro nível da Jornada. Relaxe, respire e observe seu corpo. Aqui, onde está, e agora, neste tempo, é o momento mais poderoso de sua vida. **Receba as suas conquistas, os seus méritos, seu destino e sua história.**

Descubra que horas são e anote em algum lugar desta folha o dia exato, o ano e a hora da sua tão desejada Transformação Heroica. Comprometa-se com seu ponto de virada registrando este marco.

Você sobreviveu a um elevador trancado, teve coragem de se entregar à própria história e agora abriu comigo o portal da confiança para se tornar um narrador poderoso. Tudo sempre esteve em você. Sua voz interna agora é segura. Você aceitou meu convite. Foi generoso e confiou em mim para chegar a este ponto da jornada. Você sabe que não é uma questão de sorte, pois trabalhou arduamente suas emoções ao ler todo este livro.

A hora é esta, o único tempo que existe é o presente. Realize-se no lugar que é seu e que só poderá ser ocupado por você. Ele estava vazio até você chegar. Rompa definitivamente com a importância que atribui ao seu medo de desagradar as pessoas e a viver pelo reconhecimento de alguém que não o merece. Pare de entregar seu precioso tempo de vida para as coisas e pessoas que não pertencem ao seu chamado.

Deixe ir. Solte. Relaxe e respire. Continue aqui comigo. Respire suavemente, pois vamos avançar.

Sua narrativa começou antes mesmo de você nascer; sua rede afetiva comunicante de pessoas já estava esperando-o. E hoje, no exato momento em que lê isto, você está retomando a posse de sua história! **Sua história está sendo batizada por você agora.**

Somos uma teia de energias e histórias interligadas.

Adriana Jorgge

Você é a água batismal, o perfume divino, o lume que simbolicamente incendeia os corações de amor, a mão que se abre para aceitar a própria história.

Eu cheguei até você e estou aqui neste momento repleto de magia, otimismo e felicidade. Celebro silenciosamente sua coragem. Ao mesmo tempo que você realiza tudo isso por si mesmo, esse sucesso chegará misteriosamente até muitas outras pessoas, pois somos uma teia de energias e histórias interligadas.

Sua voz está imantada por uma autoconfiança inquebrável, magnetizada para falar com qualquer pessoa em qualquer lugar, pois você estará comprometido com sua história. Beba sua mensagem como o elixir dos Deuses Contadores de Histórias e permita que ela saia de sua boca como uma boa promessa para o mundo. Você esperou muito por isso e não teme mais seus pensamentos invalidantes; eles podem até vir, mas se dissolverão pela força da sua consciência em saber seu real valor. Aquele valor precioso que a tudo se une na natureza.

Festeje a alegria de estar aqui porque, ainda que não saiba, você está neste momento conectando-se com muitas pessoas que também estão lendo este livro. Você é mais um narrador que se eleva até a Montanha dos Contadores de Histórias.

As histórias podem mudar decisões importantes no mundo, evitar guerras, negociar caminhos e propor novas soluções. Saiba que agora, ao emitir sua voz e comunicar algo, por menor que seja, para seu negócio ou para sua vida pessoal, você está acessando a parte mais valiosa do seu poder interno, a crença em si mesmo e na grande história que nos une.

Ideias extraordinárias fazem dinheiro

A realidade não será mais contada por aqueles que o controlavam. Chegou a hora de tomar a versão da sua narrativa com segurança de estar construindo sua verdade de dentro para fora. É um desabrochar de talentos, potências e poderes para criar a vida que quer viver. E ninguém nem nada poderá detê-lo.

A história mais importante é a mais simples, é aquela que perdurará para sempre no mundo. Reflita sobre isso durante os próximos dias. Qual é sua história valiosa? Ela sempre será aquela que lhe permite alçar grandes voos, para dentro e para fora de si mesmo, e que será valiosa para todos ao seu redor.

Uma grande revolução bombástica está acontecendo agora dentro de você. O resultado disso será combustível para incendiar seu passado de lamúrias e dores e inaugurar o único momento que existe: **o presente!**

A história está sendo contada por você, basta ouvi-la

Este é o momento de canalizar todas as suas energias para cumprir passo a passo meu método Storytelling Bombástico e reverter a ideia de que existe uma história única e perfeita que não é a sua. Sua história importa! Acompanhando as orientações do livro e das gravações, e praticando os ensinamentos conforme a sua necessidade e o seu tempo, você perceberá o crescimento que alcançou quando se comunicar ou vender qualquer coisa.

Depois de dominar o método Storytelling Bombástico para contar histórias, nada será como antes. É sua chance de comunicar

Adriana Jorgge

com segurança aos clientes o seu diferencial e o do seu negócio. Eu aguardarei as histórias sobre seu sucesso. Mande uma mensagem para mim.

Você conscientemente construirá sua identidade de Narrador Poderoso e contribuirá para transformar outras pessoas que foram silenciadas e desacreditadas em seus sonhos. Sente-se à mesa do farto banquete e convide todos a brindar sua alegria em poder contar a história que conquistará o mundo.

Não é e nunca foi **só** pelo dinheiro. É pela força de usufruir do seu superpoder de tocar com a voz e com as palavras o coração e a emoção das pessoas, de contribuir para que a vida delas seja mais luminosa.

Mergulhe no método e faça os exercícios com dedicação. Você descobrirá seus superpoderes e como oferecer soluções às pessoas que, como você, estavam debatendo-se em uma areia movediça de negatividade.

Eu gosto de imaginar onde estará este livro agora. Nas suas mãos, perto de uma cabeceira, talvez na cozinha, em um ônibus, em cima da escrivaninha, em uma livraria, quem sabe na praia ou até em um banheiro. Onde estará este livro?

Durante todos esses dias, eu fiquei aqui com você. Dormi e acordei pensando em você que me lê. Eu queria ser uma mosquinha para estar por perto e presenciar suas reações durante a leitura. Para mim, sempre será fascinante o caso de amor entre o contador de histórias e a plateia.

Ao abrir este livro, você se conectou comigo; e, ao compartilhá-lo com outra pessoa, ampliará a mensagem que ele carrega.

Ideias extraordinárias fazem dinheiro

Afinal, essa história de transformação só foi possível porque fomos cúmplices durante todos estes capítulos.

Obrigada por estarmos juntos nessa jornada que, agora, é mais um capítulo incrível de nossas próprias histórias.

Com paixão e entrega,

Adriana Jorgge

Este livro foi impresso
pela Bartira Gráfica em
papel pólen bold 70 g
em março de 2023.